M. Bellenhaus
J. Schölling

LEHRERHEFT

Begleittext
zur Arbeitsmappe für den Kunstunterricht -2-

– Kommt, wir malen die Welt bunt! –

Bestell-Nr.: 1831 **ISBN 3-7989-1831-7**

STOCKMANN VERLAG BOCHUM - MÜNCHEN
Postanschrift: Josef-Baumann-Str. 39 44805 Bochum

Inhalt

* Diese Zusatzthemen werden als Sammlung von Kopiervorlagen separat angeboten. Best.-Nr. 1830

Grundsätzliches zur Konzeption der Arbeitsmappe

Themenauswahl – fächerübergreifendes Arbeiten –

Die *Themen* dieser Arbeitsmappe sollten möglichst häufig bei der Arbeit in anderen Fachbereichen aufgegriffen, unterstützt und weiterentwickelt werden. Besonders bieten sich dabei die Bereiche Musik, Sprache und Sachunterricht an.

Texte – Arbeits- und Lesetexte –

Die *Texte* dieser Mappe sind betont einfach gehalten und bieten mit ihren großen Drucktypen und ihrer übersichtlichen Anordnung einen leicht zu bewältigenden zusätzlichen Lesestoff für die Schüler. Von Anfang an wird dabei die Sinnentnahme beim Lesen von Arbeitsanweisungen geübt.

Einzelthemen in einer Sammelmappe gesammelt

Jedes *Blatt* bietet prinzipiell auf der Vorder- und Rückseite ein Thema an, wobei stets die farbige Seite in das Thema einführt und meist einige Beispiele anbietet, während auf der Rückseite entweder genau Arbeitsanweisungen stehen oder Platz für die praktische Arbeit bleibt. Jedes Blatt sollte einzeln an die Schüler ausgegeben und nach und nach in der Sammelmappe gesammelt werden. Die fertige Mappe stellt am Ende des Schuljahres eine umfassende Jahresarbeit dar, in der auch Arbeiten, die inzwischen längst verbraucht worden sind (wie z.B. das Lesezeichen, die Hundehütte usw.) wieder in Erinnerung gerufen werden. Auch die Kunstbetrachtungsstunden werden auf diese Weise wieder ins Gedächtnis gerufen.

Werkbetrachtung – Schülerarbeiten und Kunstwerke –

Der hier vorgeschlagene *Kunstunterricht* wird selten oder nie mit einer einzigen Unterrichtsstunde pro Thema auskommen, da stets eine intensive Vorbesprechung und eine sorgfältige Nachbesprechung der Arbeiten eingeplant sind. Genau betrachten und ausführlich besprechen sollten die Schüler nicht nur die eigenen Arbeiten und die der Mitschüler, sondern auch Gemälde und Kunstobjekte von Künstlern. Diese Möglichkeit ist in der vorliegenden Mappe fünfmal gegeben.

Malen mit Deckfarben – sicheres Erlernen der Technik –

Der *Schwerpunkt* dieser Arbeitsmappe liegt auf der Technik des Malens mit Deckfarben. Diese Technik soll mit langsam steigendem Schwierigkeitsgrad handwerklich erlernt werden. Die ersten wesentlichen Differenzierungsmöglichkeiten werden vorgestellt und sollen eingeübt werden.

Arbeitstempo – Angebot von Zusatzthemen –

Das *Arbeitstempo* der einzelnen Schüler ist bei dieser Maltechnik erfahrungsgemäß sehr unterschiedlich. Deshalb sollten jeweils *Zwischen-* bzw. *Zusatzthemen* angeboten werden, die die Thematik aufgreifen, variieren und eine Bearbeitung in einer anderen Technik ermöglichen.

Kopiervorlagen für Zusatzthemen – Weiterarbeit im Sprachunterricht –

Eine Sammlung solcher *Zusatzthemen* ist mit Kopiervorlagen beim Verlag unter der Best.-Nr. 1830 erhältlich. Neben Bildanfängen ist jeweils auch Platz für einen kleinen *Text*, der entweder im Sprachunterricht gemeinsam mit allen Schülern erarbeitet werden kann oder von den einzelnen Schülern frei formuliert werden kann (dies gilt besonders für schriftsprachlich begabte Kinder) oder aber als Übung des Abschreibens und Schönschreibens von einer Vorlage übernommen werden kann.

Vorschläge für solche *Texte* befinden sich ebenfalls in der Kopiervorlagenmappe.

Vorbereitung durch Eigenaktivität

Es hat sich als hilfreich für die Arbeit erwiesen, jedes Thema und jede Technik selbst auszuprobieren, bevor sie den Schülern als Aufgabe gestellt werden. Besondere Möglichkeiten, besondere Probleme und der zeitliche Aufwand können dann sehr viel realer eingeschätzt und eingeplant werden.

Thema 1: # Ein prächtiges Schloß (zu den Seiten 1 und 2

Technik: **Malen mit Deckfarbe**

Material: **Deckfarbkasten, Borstenpinsel Nr. 10, Wassertöpfchen, Mallappen, Unterlage Arbeitsblatt S. 1/2**

Lernziele:

Die Schüler sollen

- in die Technik des Malens mit Deckfarbe eingeführt werden;
- die Leuchtkraft der intensiv aufgetragenen Farben erkennen und diese Farben bewußt und kontrastreich verwenden;
- mit einfachen Formen „bauend" malen;
- die symmetrische Gestaltung der Bildfläche als eine Kompositionsmöglichkeit erkennen;
- die gesamte Bildfläche ausfüllen;
- die eigenen Arbeiten besprechen.

Vorschläge für die Unterrichtsgestaltung

Wenn es sich hier um das erste Mal handelt, daß die Kinder bewußt mit dem Deckfarbenkasten umgehen, bedarf es einer besonders gründlichen Vorbesprechung. Das betrifft sowohl den technischen als auch den thematischen Aspekt, denn von den Erfahrungen mit diesem ersten Thema, vom Gelingen dieses ersten Bildes hängt viel Motivation für die Weiterarbeit ab. Aus diesem Grunde wurde auch für die ersten Arbeiten mit der Deckfarbe das Format DIN A 4 gewählt. Es kann von den Kindern als Arbeitsfeld bewältigt werden, ohne daß sie zu schnell ermüden. Das Blatt kann mit weitgehend gleichbleibender Konzentration und Lust bearbeitet werden.

Es empfiehlt sich, die Besprechung des **Themas** vorzuziehen und dann die **technischen** Erklärungen gleich in die Praxis umzusetzen. Man kann auch, falls der Stundenplan es zuläßt, die beiden Besprechungen zeitlich voneinander trennen. Dann beginnt die 2. Stunde mit dem Lesen des Arbeitsblattes S. 1.

Zu Beginn des Unterrichts erzählen die Kinder von „früher, als sie noch klein waren", als sie noch mit Holzbausteinen spielten; sie erzählen, wie die Steine ausgesehen haben und was sie damit alles gebaut haben.

Einige dieser Formen werden dabei zum genaueren Verständnis an die Tafel gemalt.

Nun zeigt der Lehrer den Schülern einige solche Formen, die aus farbigem Tonpapier ausgeschnitten und auf der Rückseite mit Magnetplättchen oder einem anderen Haftmaterial versehen sind. „Damit wollen wir heute bauen", sagt er und schreibt das Thema an die Tafel: Ein prächtiges Schloß. „Dafür brauchen wir große und kleine Steine für Mauern und..." Die Kindern ergänzen diesen Satz um alle die Attribute, die neben den Mauern zum Schloß noch fehlen, nämlich Türme und Dächer, Zinnen, Treppen und Säulen, ein großes Tor und schöne Fenster. Diese Wortsammlung wird an der Tafel fixiert, und dann darf gebaut werden.

Wenn viele Papier-Bausteine vorbereitet wurden und eine große Magnettafelfläche zur Verfügung steht, können die Prachtbauten von mehreren Kindergruppen hergestellt werden – eventuell auch auf dem Boden; es genügt aber auch **ein** Schloß als Versuchsobjekt. Wichtig ist, daß die Kinder bei diesem vorbereitenden Legen auf die Vorzüge der Symmetrie aufmerksam werden. Im übrigen ist beinahe alles möglich; nicht einmal die Nichtbeachtung der Gesetze der Statik bringen das Gebäude ins Wanken.

In dieser Arbeitsphase ist ein wichtiger Schritt von der Dreidimensionalität der Erfahrungen mit plastischem Material zur Zweidimensionalität der Fläche gemacht worden. Die gleichgebliebene Arbeitsform des Neben- und Übereinanderbauens erleichterte diese Abstraktionsleistung.

Nun bekommen die Kinder das Arbeitsblatt S. 1 und lesen die oberen Zeilen von dem kleinen Baumeister Uli. Die schräg gedruckten Zeilen darunter formulieren die eigentliche Aufgabe, und die Bilder zeigen, welche zusätzlichen Möglichkeiten das Malen bietet. Dabei werden den Kindern vor allem die Gestaltung des Himmels hinter bzw. über dem Schloß und die des Bodens davor auffallen.

Anschließend drehen die Kinder das Arbeitsblatt um und tragen den Namen und das Datum ein.

Bevor nun endlich mit dem Malen begonnen werden kann, muß der Arbeitsplatz eines jeden Schülers sorgfältig vorbereitet sein. Das Malblatt liegt auf einer Unterlage (Zeitung oder Wachstuch), ebenso der Farbkasten, der Pinsel und das Wassertöpfchen, das übrigens immer erst bei Malbeginn mit Wasser gefüllt wird. Eine wohldurchdachte Organisation der äußeren Gegebenheiten beim Hinräumen und Wegräumen macht Kindern und Lehrern das Arbeiten leichter. Als sehr nützlich erweist sich dabei immer eine Pause direkt vor der praktischen Arbeit.

Das Material liegt also bereit; wir sehen es uns genau an und erzählen davon: Da ist zuerst einmal der Farbkasten. (Bei der Anschaffung des Farbkastens sollte auf eine gute Qualität geachtet werden. Nicht auf die Menge der Farbe kommt es an, sondern auf ihre Leuchtkraft.) Manche Farben können die Kinder benennen, bei anderen müssen sie nachlesen, was darunter geschrieben steht. Dann ist da noch eine Tube, darin ist Deckweiß, eine weiche, weiße Paste, mit der man z.B. aus Blau Himmelblau machen kann. Und dann ist da vor allem der Pinsel, mit dem die Farbe aufgetragen wird.

Zur Demonstration all dessen, was der Pinsel kann, sollte der Lehrer einen großen Malerpinsel haben, mit dem er an der Wandtafel mit Wasser statt Farbe Spuren macht. Um den Kindern die Wichtigkeit des Pinsels noch deutlicher vor Augen zu führen, kann man mit etwas Filz und ein paar Handgriffen aus dem Demonstrationspinsel eine Handpuppe, den „Herrn Pinsel" machen:

Und das kann er alles, der Herr Pinsel: Er kann

- breite Striche malen, so

- schmale Striche malen, so

- Tupfen malen, so,
  große mit der Breitseite,

kleine mit der Schmalseite,

- Kreise machen, so

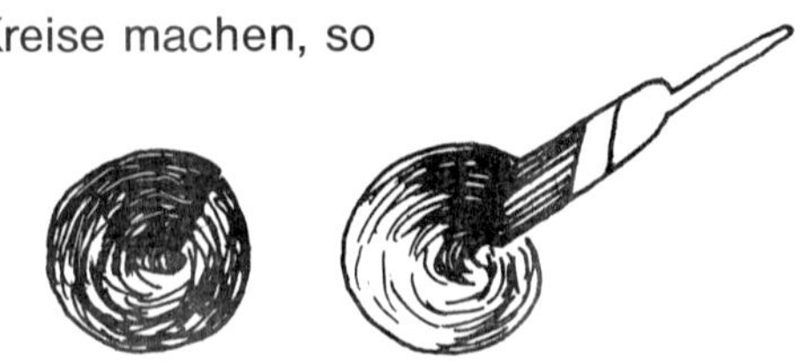

- große und kleine Schlangenlinien ziehen, so

- Ecken und Spitzen malen usw.

Was er aber gar nicht mag, der Herr Pinsel, das ist, wenn man ihn wie einem Quirl benutzt oder wenn man ihn stundenlang auf dem „Kopf" stehen läßt; dann werden seine Haare widerborstig, und alles, was er anschließend malt, wird an den Rändern zerfranst und unordentlich.

Filzstreifen (orange) mit aufgeklebtem oder gesticktem Gesicht

Filzstreifen (weiß) mit 2 seitlichen Einschnitten für Daumen und Mittelfinger; ein paar Farbtupfer auf dem weißen Kittel zeigen, daß der „Herr Pinsel" ein Malermeister ist.

Die kleinen Pinsel der Kinder können genauso viel wie der große an der Tafel und sie mögen es ebensowenig wie der große, wenn sie gequirlt werden oder „Kopf stehen" müssen. Nun beginnen wir endlich zu malen, und zwar zu Anfang noch gemeinsam:

Wir tauchen den Pinsel ins Wasser, streifen ihn an dem Rand etwas ab und rühren dann mit dem nicht zu nassen Pinsel in einem beliebigen Farbtöpchen (möglichst mit einer hellen Farbe!) so lange, bis die Farbe beginnt, cremig zu werden. Nun hat sich der Pinsel mit Farbe vollgesogen und wir malen damit den ersten Baustein auf das Blatt, so sorgfältig wie möglich. Die Farbfläche sollte nicht zu groß werden, weil die Farbe dann vielleicht nicht reicht. Nun waschen wir den Pinsel im Wassertöpfchen gut aus, streifen ihn wieder ab und wählen eine neue Farbe. So machen wir es immer wieder und „bauen" so unser Schloß.

Es ist wichtig, daß die Schüler jedesmal gut rühren; so bekommt das Bild intensive Leuchtkraft, und ein Ineinanderlaufen von zwei nebeneinanderliegenden Farben wird verhindert.

Individuelle Hilfen, Erinnerungen an Besprochenes, zusätzliche Erklärungen und hin und wieder sicher auch ein praktisches Vormachen sind während dieser Arbeitsphase bei manchen Kindern unbedingt nötig.

Die fertigen Bilder werden an einer vorher festgelegten Stelle (Fensterbank, Regal, freier Platz am Boden ...) getrocknet. Die schnell arbeitenden Schüler räumen ihren Arbeitsplatz sorgfältig auf und wählen entweder eine Tätigkeit aus dem Angebot der freien Arbeit, oder sie bekommen ein Zusatzthema, das mit Holzbuntstiften oder Filzstiften ausgeführt werden kann, z.B. „Das Lieblingsblumenbeet der Prinzessin Tausendschön".

Bei einem solchen Zusatzthema bleiben die Schüler im weiten Rahmen des Hauptthemas, werden jedoch durch die andere Technik, durch die Offenheit des Unterthemas und durch das kleine Format neu motiviert. Auch eine Weiterarbeit im Bereich des Sprachunterrichts ist hier denkbar, etwa in Form von kleinen Geschichten, die neben das Bild geschrieben werden können. Diese Geschichten können entweder von den Kindern selbst erfunden werden – für sprachbegabte Kinder sicher eine reizvolle Aufgabe – oder aber vorgegeben werden und in besonders schöner Schrift übertragen werden. Vorschläge für solche Texte zu den angegebenen Zwischenthemen finden sich im Anhang. Schnell arbeitende Schüler arbeiten auf diese Weise sinnvoll weiter, während die langsamer malenden Kinder die Möglichkeit haben, ihr Bild in Ruhe zuende zu bringen. Halbfertig liegengebliebene Bilder sind nämlich frustierend, und zu einer selbstverständlichen Wiederaufnahme der Arbeit in der nächsten Kunststunde fehlt den meisten Kindern die Motivation, ganz besonders, wenn die Mitschüler schon mit einem neuen Thema beginnen.

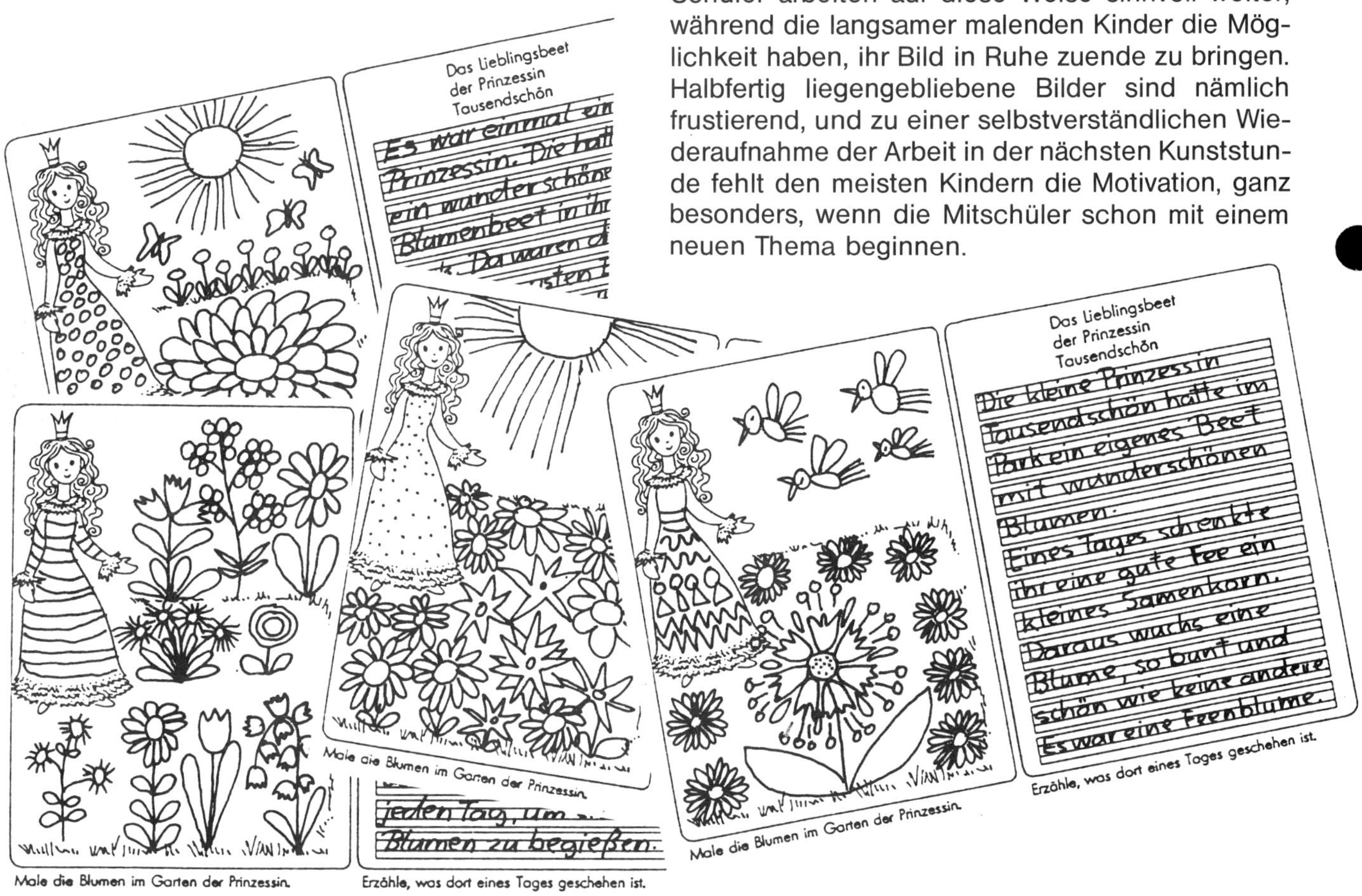

Thema 2: # Der kleine Somi und die Villa R (zu den Seiten 3 und 4)

– Betrachtung des Gemäldes von Paul Klee: Villa R –

Technik: **Betrachtung und Gespräch: schriftliche Fixierung einiger Grundgedanken; Ausmalen einer Figur**

Material: **Farbdruck des Gemäldes von Paul Klee: Villa R (evtl. Poster)**
Filz- oder Holzbuntstifte
Arbeitsblatt S. 3/4

Lernziele:

Die Schüler sollen

- die eigenen Bilder zum Thema „ein prächtiges Schloß mit dem Gemälde von Paul Klee vergleichen;
- die formalen Besonderheiten des Gemäldes erkennen;
- unterschiedliche Interpretationsmöglichkeiten ausprobieren;
- eine individuelle Deutung der Bildfiguren versuchen;
- einen wichtigen Gedanken zur Bild-Geschichte schriftlich fixieren.

Vorschläge für die Unterrichtsgestaltung

Einige ausgewählte Exemplare der „prächtigen Schloßbauten", die die Kinder in der letzten Kunststunde gemalt haben, hängen an der Tafel und sind jeweils mit einer Nummer versehen, um ein Gespräch über die Bilder zu erleichtern. Aus der neuen Perspektive und Entfernung werden die Kinder an ihren Bildern Wirkungen erkennen, die sie zuvor nicht sehen konnten, geschweige denn beabsichtigt hatten:

„Dieses Schloß sieht ganz alt aus, so als würde es bald zerfallen."

„Von diesem Schloß sieht man nur ein Stück; das geht bestimmt noch weiter."

„Die Türme bei diesem Schloß sehen aus, als wären sie hinter der Mauer und hinter dem Tor."

„Dieses Schloß sieht ganz alt aus, so als würde es bald zerfallen."

„Bei diesem Bild sieht es so aus, als wäre das Schloß um einen runden Hof herumgebaut."

„Dies ist das prächtigste Schloß, weil es so viele Türme hat, weil es so viele helle Farben hat, weil es ein goldenes Tor hat, weil es so schön verziert ist..."

So oder ähnlich könnten die Bemerkungen zu den Bildern an der Tafel ausfallen. Wichtig ist, daß die Kinder sich bei ihren Äußerungen um ausführliche und verständliche Erklärungen bemühen und ihre Eindrücke zu begründen versuchen. Bemerkungen, die nur werten, z.B. dies ist schön, und das ist schlecht, werden nicht akzeptiert. Am Ende des Gesprächs über die Bilder sollte die formulierte Erkenntnis stehen: Man kann in Bilder „hineinsehen", ja in Gedanken sogar „hineingehen". Eventuell kann dieser Satz auch an die Tafel geschrieben werden.

Nun schauen wir uns, falls ein Poster von Klees Gemälde zur Verfügung steht, an der bis dahin zugeklappten rechten Innentafel noch ein Bild an. (Falls kein Poster da ist, betrachten die Kinder den Druck auf dem Arbeitsblatt S. 4.)

Dieses Bild wurde von einem berühmten Maler, von Paul Klee gemalt. Den Kindern werden sofort Parallelen zu ihren eigenen Bildern auffallen, vor allem was die bauklotzartige Gestaltung des Gebäudes und die Buntfarbigkeit betrifft. Kommentarlos werden die ersten Eindrücke der Schüler gesammelt, die sich wahrscheinlich vorwiegend im Aufzählen erschöpfen. Dann wird der kleine „Somi" ins Gespräch gebracht, eine Figur, die aus einem anderen Bild von Klee stammt und in ihrer Stilisierung, in ihrer Beschränkung auf einfache Grundformen für die Kinder ein Märchen- oder Traumwesen darstellt, das sie begleiten können, an dessen Seite sie in das Bild hineingehen können. Eine solche Figur ist sehr hilfreich bei der Bildbetrachtung, denn erst im Zusammenhang mit einem agierenden Wesen bekommen die Dinge und Formen im Bild Bedeutung für das Kind.

Einige Gedanken zu Paul Klees Bild:

Paul Klee hat die Gegenstände in seinem Gemälde auf ihre Urformen zurückgeführt. Er hat ihnen damit die Festlegung auf eine eindeutige, einzige Bedeutung genommen. Das Haus ist nicht ein ganz bestimmtes Haus in dieser oder jener Straße, sondern eher ein Symbol, eine Art Schriftzeichen für den Begriff Haus, vergleichbar der einfachen Schemazeichnung eines Kindes. Das gleiche gilt für die Zeichen, mit denen er den Baum, die Berge, die Sonne und den Mond darstellt. Er wählt diese „naive" Malweise, weil er sie für ehrlicher hält. Er will dem Betrachter keine verlogenen, idealisierten Abbilder, keine falschen Widerspiegelungen der Realität zumuten, die man lediglich ansehen, vielleicht bewundern aber nicht in der eigenen Realität wiederfinden kann, sondern er will in kindlicher Wahrhaftigkeit einfache Dinge „sagen", sie in der Bildsprache übermitteln und dadurch die Kreativität des Betrachters mit in das Werk einbeziehen. Die Erfahrungen, Wünsche, Träume und Phantasien des Betrachters vollenden das Bild erst; es ist wie eine angefangene Geschichte, deren Schluß und deren Ausschmückung der Zuhörer selbst übernehmen muß. Klees Bild ist eine Einladung zum Gespräch, zur Begegnung, zum Hineingehen in das Bild, zum Suchen und Versuchen, zum Finden und Erfinden.

Die Gestalt des kleinen Somi und die Fragen auf dem Arbeitsblatt S. 3 sollen das Kind bei der Begegnung mit dem Bild führen und ihm Wege eröffnen, die es vielleicht allein nicht gefunden hätte.

Wie ist das beispielsweise mit dem roten Weg? Ist Somi in ein Land geraten, in dem alle Wege und Straßen rot sind? Oder ist es ein Fluß, in dem sich das Abendrot des Himmels hinter den Bergen spiegelt; auch noch an anderen Stellen im Bild findet sich ja dieser rote Widerschein? Oder ist es ein Fluß voll mit rotem Sirup; dann wäre Somi vielleicht ins Schlaraffenland gekommen, und auch die anderen Dinge wären aus Zuckerguß und Kuchen? Vielleicht ist es aber weder Weg noch Fluß, sondern eine schreckliche Blutspur, vielleicht von dem bösen Drachen stammend, der hinter den Bergen wohnt? Schließlich könnte es auch einfach eine Farbspur sein, in den Sand und zwischen die Wiesen gemalt, eine Spur, die durch ihre rote Farbe aufmerksam machen will, den kleinen Somi (und unseren Blick) leiten will durch das Bild hindurch in eine unbekannte Ferne. Rot ist ja eine Signalfarbe, die uns sagt: Halt, sei vorsichtig, gib gut acht!

Wenn wir nun an dieser roten Spur entlangwandern, vielleicht auf dem beruhigenden Grün der Wiese, dann begegnen wir dem hellgrünen, riesigen R. Ist es ein Wächter vor dem Übergang über das rote Band? Ist es selbst eine Brücke, die den kleinen Somi sicher hinüberführt zu dem großen Haus im Mittelpunkt des Bildes? Ist es ein Tor oder vielleicht ein Denkmal mit dem ersten Buchstaben des Namens des Königs, der da im Schloß wohnt?

So starr, wie es dort hingestellt ist, könnte es auch verzaubert sein, und wer weiß, ob es nicht lebendig wird, wenn Somi es berührt?

Und wenn wir dann dem roten Band weiter folgen, finden wir auf der linken Seite dieses merkwürdige rote Gebäude mit einer roten Fahne, die wie ein aufgesperrter Rachen aussieht. Wieder diese Farbe Rot! Und dann verliert sich der rote Weg in der Ferne. Er führt aus dem Bild hinaus. Soll Somi sich hinausführen lassen, oder soll er nun „auf eigene Faust" die Berge im Hintergrund erforschen? Wohnt dort jemand? Ein Riese vielleicht, ein Drache oder eine gute Fee?

Oder wohnen die Sonne und der Mond dort, und die beiden verabschieden sich gerade voneinander, die gelbe Sonne, um in ihrem Berg zu schlafen und der blaßgrüne Mond, um seine Reise in die Nacht anzutreten? Vielleicht aber werden Sonne und Mond hier auch gefangengehalten, und in der Welt hinter den Bergen kann es nun weder Tag noch Nacht werden; stattdessen ist der Himmel feuerrot? Das wäre für Somi sicher ein Grund, den bösen Zauberer, der dafür verantwortlich ist und vielleicht in dem weißen Schloß wohnt, zu bekämpfen und zu besiegen. Aber es ist natürlich gar nicht sicher, daß dort ein böser Zauberer wohnt. Vielleicht ist es auch eine einsame Prinzessin, ein freundlicher König oder sogar ein guter Freund von Somi, den er nun nach langer Trennung endlich wiederfindet. Jedenfalls ist es ein seltsames Gebäude, eines, das aussieht, als könnte es sich leicht verwandeln, als könnten seine Bestandteile sich von einem Moment zum anderen an eine andere Stelle begeben; die Erinnerungen an sonnige Länder und an einen blauen Himmel sind darin festgehalten...

Das Bild von der Villa R ist ein Bild, das viele Betrachtungsweisen, viele Geschichten zuläßt. Jeder darf es auf seine Weise verstehen. Es ist eine Theaterkulisse, in der unsere Gedanken und unsere Augen die Akteure sind und in der die Rollen nicht festgelegt sind.

Die Überlegungen, die hier dargelegt wurden, sind nur Beispiele.

Von Betrachter zu Betrachter, von Kind zu Kind, von Klasse zu Klasse kann die Betrachtungs- und Interpretationsweise variieren. Es ist ein offenes Bild bzw. eine offene Frage.

Vielleicht sind einige Kinder bereit, ihre eigene Geschichte zu diesem Bild abschließend zu erzählen. Alle aber sollten versuchen, einen oder zwei Gedanken des kleinen Somi aufzuschreiben, Gedanken, die das Kind beim späteren Betrachten des Bildes wieder an seine Geschichte erinnern, z.B. Somi denkt: Ich habe in dieser schönen weißen Villa meinen guten, alten Freund gefunden.

- oder: Dort hinter den Bergen wohnt ein Drache. Ich muß ihn bekämpfen.
- oder: Wie komme ich nur über den breiten, roten Fluß? usw.

Für Kinder, die nicht frei schreiben können oder möchten, sollten Stichworte oder Vorschläge zur Wahl an der Tafel stehen.

Wenn die Zeit reicht, kann die Zeichnung vom kleinen Somi ausgemalt werden.

Mach aus den Buchstaben bunte Figuren. Erzähle, wohin die Buchstaben wandern.

Die Bearbeitung dieses Zusatzthemas mit den lebendig gewordenen Buchstaben eignet sich als Anschluß an die Überlegungen zu dem grünen R in Paul Klees Gemälde. Hier wird die Verbindung zum Sprachunterricht ganz deutlich, wenn beispielsweise parallel dazu das Alphabeth besprochen wird.

Thema 3: # Eine Hütte für den Hund (zu Seite 5)

Technik: **Falt- und Schneidearbeit**
Collage mit Furnier oder Holztapete

Material: **Zeichenkarton DIN A 4, Schere, Klebstoff, Furnierreste oder Holztapete, Arbeitsblatt S. 5**

Lernziele:

Die Schüler sollen

- nach einer genauen Arbeitsanweisung eine Haus- bzw. Hüttenfassade schneiden und falten;
- diese Fassade nach eigenen Vorstellungen mit Streifen aus Furnierholz oder Holztapete bekleben;
- dabei den Begriff „Maserung" kennenlernen und die Probleme bei der Bearbeitung von Furnier bewältigen;
- die Hütte mit einem selbstgewählten Hundenamensschild versehen.

Vorschläge für die Unterrichtsgestaltung

Dieses Thema sollte möglichst innerhalb einer Unterrichtsreihe über Haustiere stehen. In diesem Falle erübrigt sich auch eine themenbezogene Motivation.

Die Schüler erhalten ein Stück Zeichenkarton DIN A 4 (bzw. ein Stück braunen Fotokarton DIN A 4) und das Arbeitsblatt S. 5. Sie betrachten das Bild und erzählen dazu. Besondere Aufmerksamkeit sollte dabei der Frage gewidmet werden, wie die Hundehütten auf dem Bild wohl hergestellt worden sind. Die Kinder werden schnell richtige Möglichkeiten vorschlagen. Um diese Vermutungen zu präzisieren, lesen die Schüler die Arbeitsanleitung auf dem Arbeitsblatt.

Punkt für Punkt wird der Text dann nochmals vorgelesen, und die Arbeitsanweisungen werden sofort in die Praxis umgesetzt:

Die obere Mitte des Zeichenkartons wird durch behutsames Anfalten gefunden, ohne aber einen Mittelfalz zu machen. Die oberen Ecken werden dann so nach hinten geknickt, daß etwa die Hälfte der Seitenlänge benutzt wird. Die seitlichen Einschnitte unterhalb des Daches ermöglichen das Zurückfalten der Seitenwände. Die entstehenden Falzkanten müssen scharf und fest sein, um der Hütte Halt zu geben.

Die Größe der Öffnung ist in das Belieben der Kinder gestellt. Es schließt sich das Bekleben der Fassade mit Furnierholzstreifen an, eine Arbeit, die weit schwieriger ist, als der Schneide- und Faltvorgang. Das Furnierholz ist nämlich nicht ganz einfach zu bearbeiten: die Richtung der Maserung muß beachtet werden, die Holzfasern brechen leicht ab, und auch das Schneiden der dünnen Furnierplatten mit einer Schere ist für Kinderhände recht mühsam. Darum sollte man von vornherein diese Widrigkeiten des Materials mit einkalkulieren und eine alte, vielfach geflickte Hütte thematisieren. Wenn nun beim Bekleben nicht alle Papierflächen bedeckt sind, was ja leicht geschehen kann, dann erweist es sich als vorteilhaft, braunen Fotokarton statt des weißen Zeichenkartons gewählt zu haben.

Zum Kleben darf der gleiche Klebstoff benutzt werden, den die Kinder auch zum Kleben von Pappe verwenden. Spezial-Holzkleber sollte nur dann gebraucht werden, wenn genügend Vorrichtungen zum anschließenden Pressen der Hausfassaden vorhanden sind.

Sehr viel einfacher, aber natürlich auch weniger wirkungsvoll und weniger motivierend ist die Arbeit mit Holztapete. Falls man sich aber doch dafür entscheidet, weil vielleicht keine Schreinerei in der Nähe ist, über die man Furnierreste beziehen kann, dann sollten den Kindern unbedingt Tapetenstücke von verschiedenen Holzsorten angeboten werden, damit sie die Farben und die Struktur ihrer Hüttenfassade individuell gestalten können.

Schließlich überlegt sich jedes Kind einen Hundenamen, schreibt, malt oder klebt ihn auf ein Papp- oder Furnierschildchen, verziert es vielleicht noch ein wenig und klebt es dann über die Öffnung der Hundehütte.

Damit ist die Hütte fertig. Es fehlt nur noch der Bewohner, der Hund.

In der Zusatzmappe mit Kopiervorlagen findet sich dieses Blatt mit einem Vorschlag für ein Zusatzthema im Anschluß an das Falten und Bekleben der Hundehütte, was sicher nicht alle Kinder im gleichen Zeitraum schaffen können.

Thema 4: Waldi, Babsi und die Kleinen (zu Seite 6)

Technik: **Formen aus Knete oder Ton**

Material: **Knetmasse oder Ton, Unterlage aus Holz (bei Ton) oder Kunststoff (bei Knetmasse) Arbeitsblatt S. 6**

Lernziele:

Die Schüler sollen

- die komplexe Vorstellung von der äußeren Form eines Hundes zergliedern und die Einzelteile benennen;
- die Einzelteile formen und sie richtig aneinanderfügen;
- die „Nahtstellen" zu allen Seiten hin sorgfältig verstreichen (dies gilt vor allem für die Arbeit mit Ton).

Vorschläge für die Unterrichtsgestaltung

Da die Hütte schon fertig ist und sogar der Name für den Hund schon feststeht, ist auch hier die Motivation schon da. Außerdem haben die Kinder vielleicht im Sachunterricht Poster, Postkarten und Fotos von Hunden gesammelt und sich mit den verschiedenen Erscheinungsformen eines Hundes auseinandergesetzt.

Nun wird an der Tafel stichpunktartig alles das gesammelt, was zu einem Hund gehört und was man also an Einzelteilen formen und gestalten muß.

Ein kleiner Hund

Dazu gehört:
- ein Kopf
  mit einer Schnauze und
  mit Ohren (spitze oder Schlappohren)
  und mit Augen,
- ein Hals,
- ein Bauch (länglich),
- zwei Vorderbeine und
- zwei kräftige Hinterbeine,
- ein Schwanz und
- schönes Fell, glatt oder struppig, lang und zottelig oder kurz.

Diese Tafelanschrift wird sodann mit dem Text auf dem Arbeitsblatt S. 6 verglichen, und falls mit Knetmasse gearbeitet wird, kann nun sofort mit dem Formen begonnen werden, denn mit diesem Material können die Kinder längst sachgemäß umgehen.

Wird aber Ton oder eine andere Modelliermasse verwandt, sollte – auch wenn die Schüler schon früher mit diesem Werkstoff gearbeitet haben – die Arbeitstechnik genau erklärt werden. Zwei Punkte vor allem müssen beachtet werden: der Ton sollte nicht lange in der Hand gerollt und geknetet werden; er wird im Gegensatz zur Knetmasse nicht geschmeidig sondern spröde und brüchig. Der zweite Punkt betrifft das Aneinanderfügen von Einzelteilen: Die Innenflächen beider Teile sollten etwas angeritzt und ein klein wenig angefeuchtet werden; nach dem Zusammenfügen müssen dann die Übergangsstellen sorgfältig mit dem Fingernagel verstrichen und danach geglättet werden.

Nicht allen Kindern gelingt dies gleich gut; es ist aber eine wichtige Voraussetzung zum Zusammenhalt der Figur.

Das Formen macht den Kindern Spaß; bei technischen Problemen sollte individuelle Hilfestellung geleistet werden – vom Lehrer oder von einem Mitschüler.

Wenn der Hund fertig ist und noch Modelliermasse übrig geblieben ist, können Zusatzstücke geformt werden; das kann eine Plattform sein, auf der der Hund steht oder ein Knochen oder ein Futternapf und natürlich können es auch Welpen sein, die mit der Mutter zusammen in der Hütte wohnen.

Die Knetmassenhunde können sofort ihre Hütte „beziehen", während die Hunde aus Modelliermasse erst getrocknet und bemalt oder im Backofen gehärtet werden müssen. Auch die Hunde aus Ton müssen eine gute Woche an einem luftigen nicht zu warmen Platz getrocknet und dann gebrannt werden. (Das Glasieren sollte man bei diesen kleinen Figuren weglassen.)

Thema 5: Ganz nahe an der rotglühenden Sonne (zu den Seiten 7 und 8)

Technik: **Malen mit Deckfarbe**

Material: **Deckfarbkasten und Zubehör**

Arbeitsblatt S. 7/8

Lernziele:

Die Schüler sollen

- die kindliche Schemazeichnung für Sonne differenzieren;
- sich mit dem Thema „Sonne als Feuerball" auseinandersetzen;
- zu einer expressiven Gestaltung des Themas kommen;
- Farben bewußt mischen;
- die Möglichkeiten des Aufhellens mit Deckweiß kennenlernen;
- die Technik des flächigen Malens um die Techniken des Tupfens und Strichelns erweitern.

Vorschläge für die Unterrichtsgestaltung

An der Tafel steht lediglich das Wort „Sonne". Alle Schüler können sich in irgendeiner Weise zu diesem Begriff äußern. Sie werden vorbringen, daß die Sonne rund ist und am Himmel steht, daß sie gelb, nein ganz hell, fast weiß, aber manchmal auch rot oder orange ist, daß sie Strahlen hat, die man aber gar nicht immer sehen kann; daß sie uns Licht und Wärme schickt usw. Manche Kinder werden auch wissen, daß die Sonne ein großer Feuerball ist, ein Gebilde aus glühend heißem, brennenden Gas, daß es an der Außenhaut der Sonne heftige Explosionen gibt, daß das brennende Gas Unmengen von Energie freisetzt usw.

Während die Schüler ihr Wissen über die Sonne vorbringen, notiert der Lehrer an der Tafel stichpunktartig einige dieser Bemerkungen, und zwar in zwei Rubriken, auf der einen Seite die Überlegungen zur Farbe und auf der anderen Seite die Überlegungen zur Form. Diese beiden Oberbegriffe sollten übrigens erst nach der Stichwortsammlung eingesetzt werden.

Sonne

Farbe	Form	
rot	rund	
orange	wie ein Ball	
gelb	wie eine Spirale	
weiß	mit Strahlen	
	geflammt	
gemischt	wie Feuer	
hell	gezackt	
	wie bei einer Explosion	

Anschließend sammeln wir Vorschläge für die malerische Gestaltung der Sonne, d.h. zuerst sollte der Lehrer klarstellen, wie die Sonne diesmal auf keinen Fall gemalt werden soll. Dazu können an der linken Tafelinnenfläche einige Skizzen angebracht werden, die anschließend durchgestrichen oder abgenommen werden.

Die Sonne sollte also

weder so:

noch so:

noch so:

noch so:

noch so:

noch so:

gemalt werden, und das aus folgenden Gründen:

Daß die Sonne keine gelbe Scheibe mit gelben Strichen rundum ist und daß die Sonne kein märchenhaftes Himmelswesen mit Gesicht ist, wissen wir längst; weil wir nur die Sonne und sonst nichts malen wollen, brauchen wir sie auch nicht in die Ecke oder an den Rand zu drängen; außerdem heißt unser Thema heute nicht nur einfach „Sonne", es heißt „Ganz nahe an der rotglühenden Sonne". (Das Thema an der Tafel wird vervollständigt.) Uns ist heute in unserer Phantasie etwas gelungen, was für die Wissenschaftler noch große Probleme aufwirft. Wir sind mit dem Raumschiff unserer Gedanken ganz nahe an die Sonne herangekommen. Wir können sehen, wie das Gas flimmert und brodelt, wie es brennt und glüht; wir können die flammenden Explosionen beobachten; wir können sehen, wie sich die Glut und die Helligkeit immer weiter ausbreiten. Und so, wie wir in unserer Phantasie diesen glühenden

Feuerball sehen, so malen wir ihn. (Auf der rechten Innenseite der Tafel werden Beispiele skizziert.)

Die Sonne soll das ganze Blatt ausfüllen und noch darüber hinausgehen. Nichts anderes ist auf dem Blatt zu sehen als die kreisende feurige Glut.

Und da, wo es ganz gleißend hell wird, da mischen wir in das Gelb noch Deckweiß hinein. Dazu wird aus der Tube in den Farbkastendeckel ein wenig Deckweiß gedrückt und mit der gelben Farbe im Deckel vermischt (niemals im Farbtöpchen!). Auch das Orange oder das Rot kann so aufgehellt werden. Wenn die Farben aber matter und dunkler werden sollen, können sie untereinander und auch mit etwas Ocker oder mit ein klein wenig Braun und sogar Schwarz vermischt werden. Aber Vorsicht bei den dunklen Farben! Sie verderben leicht den Eindruck des Hellen und Glühenden.

Wir benutzen heute also nur die Farben im Bereich des Rot, aufhellend bis Gelb und Weiß, abdunkelnd bis Dunkelrot und Rotbraun. Es gibt vielfältige Mischmöglichkeiten, eine große Zahl von Rot- und Gelbtönen. Grün und Blau aber scheiden völlig aus.

Was aber ganz besonders wichtig ist und immer wiederholt werden muß, wenn es um das Malen mit Deckfarbe geht: Gut rühren!

Viel Farbe, aber wenig Wasser!

Bevor wir nun anfangen, erinnern wir uns daran, daß der Pinsel nicht nur Flächen malen kann, sondern auch tupfen und stricheln kann.
Diese Techniken brauchen wir heute alle. Sie werden im Tafelbild noch eingesetzt, so daß es nun etwa so aussieht:

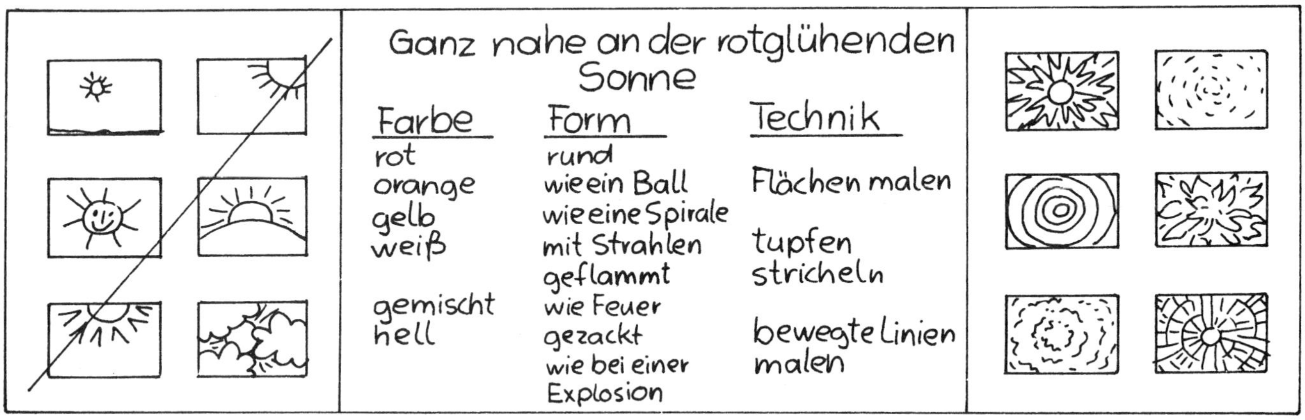

Als Zusammenfassung und Erinnerung lesen die Schüler nun den Text auf dem Arbeitsblatt S. 8, das ihnen jetzt ausgehändigt wird und betrachten auch die Musterbilder auf dieser Seite, die jedoch keinesfalls als zwingende Vorbilder angesehen werden sollen.

Während der praktischen Arbeit auf dem Blatt S. 7, das zuvor noch mit Namen und Datum versehen worden ist, wird hin und wieder eine individuelle Betreuung nötig sein.

Beim anschließenden Betrachten der fertigen Bilder sollte der Tafeltext noch zur Verfügung stehen, während die Skizzen rechts und links durch einige ausgewählte Schülerbilder ersetzt worden sind.

Nun kann die Nachbesprechung sich an den Vorbesprechungs-Kriterien orientieren: Ist das Thema genau bearbeitet worden?

Sind die richtigen Farben benutzt worden? Sind sie vielfältig gemischt worden? Sind die Überlegungen zur formalen Gestaltung beachtet worden? Welche Maltechniken sind verwendet worden? Wie sorgfältig wurde gearbeitet? Den Kindern wird bei dieser Art von Besprechung klar, daß es auch beim Malen ein „Richtig" und „Falsch" gibt; und dem Lehrer verhilft eine solche Besprechung zu einer objektiven Bewertung.

Falls zwischendurch ein kleines Zusatzthema für die schneller arbeitenden Schüler benötigt wird, bietet sich das Phantasie-Raumschiff an, mit dem wir uns der Sonne genähert haben. (vgl. Anhang)

Male das Raumschiff, das zur Sonne fliegt.   Erzähle, wem das Raumschiff begegnet.

Thema 6: # Ein Igel im Herbstlaub (zu den Seiten 9 und 10)

Technik: **Malen mit Deckfarbe; Silhouettenschnitt**

Material: **Deckfarbkasten und Zubehör, schwarzes Scherenschnittpapier oder leichtes schwarzes Tonpapier, Schere, Klebstoff, Arbeitsblatt S. 9/10**

Lernziele:

Die Schüler sollen

- die Möglichkeiten des deckenden Malens kennenlernen;
- große und kleine Flächen kombinieren und übereinanderliegend malen;
- die Farben des Herbstlaubes treffen;
- sich mit der Form eines Igels auseinandersetzen;
- einen Igel im Silhouettenschnitt ausschneiden und an einer passenden Stelle im Bild aufkleben.

Vorschläge für die Unterrichtsgestaltung

Die intensive Arbeit mit dem Gedicht „Fritz Stachelwald" von J. Guggenmos gehört sicher in den Sprachunterricht. Es wird zu Beginn der Kunststunde noch einmal wiederholend gelesen. Überleitend zum Thema dieser Stunde kann der Lehrer z.B. erzählen, daß der Polizist im Strahl seiner Taschenlampe nur den Schatten, den Umriß des Igels gesehen hat, aber um so deutlicher das leuchtend bunte Herbstlaub. Und da erst ist ihm bewußt geworden, wie schön das farbige Laub ist. Auch die Kinder kennen das farbenprächtige Herbstlaub. Vielleicht war es möglich, das Laub im Wald oder im Park, auf dem Schulhof oder unter Bäumen in der Nähe der Schule genau und bewußt zu betrachten, wie es da in vielen Lagen, in einer dicken Schicht auf dem Boden liegt. Vielleicht haben die Schüler besonders schöne, in Farbe und Form interessante Blätter gesammelt, gepreßt, aufgeklebt und im Sachunterricht beschriftet.

Jedenfalls sollten alle Kinder klare Vorstellungen mit dem Begriff „Herbstlaub" verbinden.

Wenn dann der Text auf der unteren Hälfte des Arbeitsblattes gelesen wird, bezeichnen die Kinder Farbe für Farbe sorgfältig in ihrem Farbkasten. Bei „Grün" bleibt die Frage, ob hell oder dunkel offen, und bei „Olivgrün" werden die Schüler keine entsprechende Farbe finden. Sie erfahren, daß man diesen Farbton aus Grün und Ocker mischen muß.

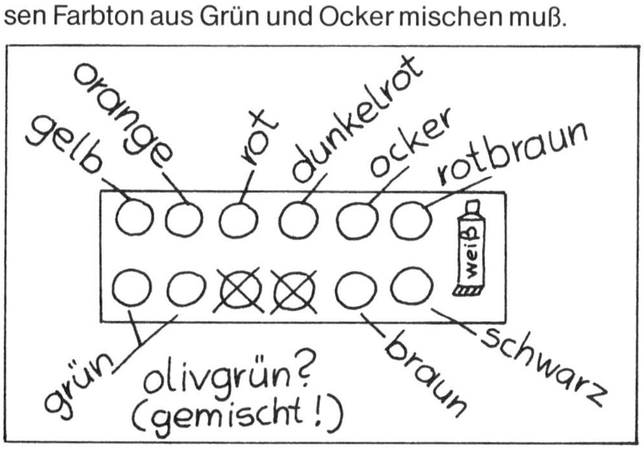

Ähnlich wird bei den Formen verfahren. Da werden den an der Tafel aufgeführten Formbegriffen entsprechende Muster zugeordnet, entweder die Passenden aufgeklebten Exemplare oder vom Lehrer vorbereitete Umrißzeichnungen.

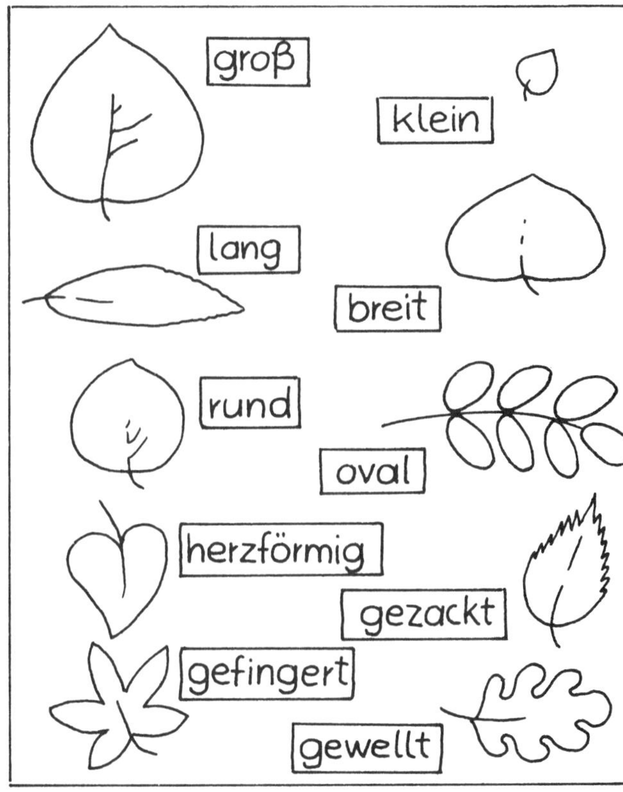

Auf diese Weise sind all diese Begriffe mit sicheren Vorstellungen verbunden und stehen den Kindern für ihre Malarbeit zur Verfügung. Weil die übereinanderliegenden Blätter schwierig zu malen sind, benutzen wir einen Trick. Wir färben die Malfläche, S. 10, ganz gelb ein. Das soll eine dichte Schicht gelber Blätter sein. Hierbei darf übrigens etwas mehr Wasser als gewöhnlich benutzt werden. Auf diese gelbe Fläche werden die anderen Blätter gemalt, die Blätter in den etwas dunkleren Farben (dunkle Farben decken nämlich die hellen Farben leicht ab). Zuerst werden die Blätter mit den größeren Formen gemalt, dann die kleinformatigen Blätter. Nicht alle Blätter, die oben liegen, sind aber dunkel. Wir brauchen deshalb eine Möglichkeit, auch mit hellen Farben dunkle abzudecken. Dazu benutzen wir wieder Deckweiß, das wir ja schon beim Malen der Sonne kennengelernt haben. Wir mischen die hellen Farben (Gelb, Orange, Grün) mit Deckweiß im Farbkastendeckel und malen damit auch noch eine Schicht heller Blätter darüber. Wiederum ist auf dichten Farbauftrag zu achten! Nun liegen große und kleine, helle und dunkle Blätter in vielfachen Mischtönen übereinander und durcheinander. In solch einem dichten Blätterhaufen wird sich ein Igel wohlfühlen. Der Igel selbst wird erst in der nächsten Kunststunde gezeichnet, ausgeschnitten und aufgeklebt. Für die etwas schneller arbeitenden Schüler könnte wieder eine kleine Zusatzaufgabe gestellt werden, z.B. „Das gelbe Blättermännchen im dunklen Herbstlaub".

Hierfür werden Farb- oder Filzstifte benutzt, und je nach Lust und Können entsteht vielleicht auch wieder ein kleiner Text neben dem Bild.

Dem Zeichnen des Igels auf das Scherenschnittpapier oder (mit weißem Holzbuntstift) auf das leichte, schwarze Tonpapier muß eine genaue Besprechung der äußeren Form eines Igels vorausgehen. Am besten eignet sich hierfür die Betrachtung eines Posters oder eines Fotos im Sachunterrichtbuch. Das spitze Schnäuzchen, die winzigen Füßchen und vor allem die vielen, vielen Stacheln, die seinen Rükken bedecken und ihm die typische stachelige Halbkugelform geben, werden genannt, und die Igelform wird an der Tafel skizziert. Die Kinder werden bei der Zeichnung ganz automatisch auch Augen usw. einsetzen. Sie stellen aber später beim Ausschneiden fest, daß diese nicht sichtbar werden und lernen, daß es das Besondere am Silhouettenschnitt ist, daß man eben nur den Umriß sieht.

Beim Schneiden der Igelform ist darauf zu achten, daß zuerst die Grobform ausgeschnitten wird, d.h. der Stachelrücken in seiner glatten Halbkugelform

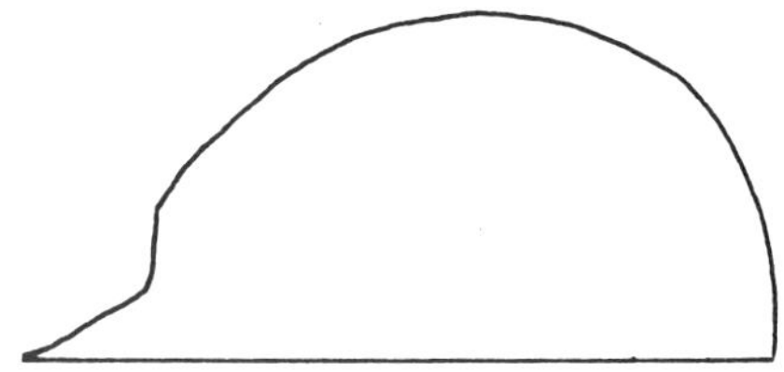

und dann erst die einzelnen Stacheln,

Stück für Stück, stets von außen nach innen:

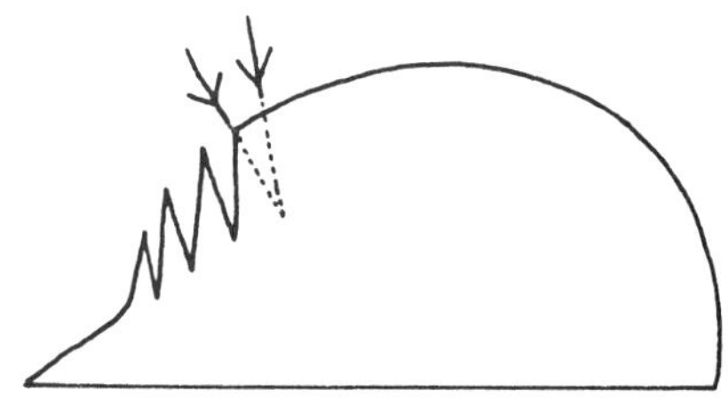

Ob nun dabei ein laufender oder stehender Igel entsteht, ob es gar eine richtige Igelkugel in Gefahr wird, oder ob ein Kind eine ganze Igelfamilie ausschneidet, das ist ganz ins Ermessen der Kinder gestellt.

Bei der abschließenden Betrachtung der fertigen Bilder, die man vielleicht alle als Wandfries in der Klasse anheften kann, könnte jedes Kind einen Satz oder eine kleine Geschichte von seinem Igelbild erzählen, z.B.:

„Die Igelmutter sucht noch einen gute Platz in den Blättern, wo ihre Kinder im Winter schlafen können."

oder: „Mein Igel hat sich die großen, roten Blätter ausgesucht. Die sind schön warm. Er buddelt sich gerade eine Mulda da hinein."

oder: „Dies ist der Igelkönig aus dem Märchen. Er hat lauter goldene Blätter in seinem Blätterschloß."

Thema 7: **Der kleine Holzgeist** (zu den Seiten 11 und 12)

Technik: **Malen mit Deckfarbe**

Material: **Deckfarbkasten und Zubehör, Arbeitsblatt S. 11/12**

Lernziele:

Die Schüler sollen

- sich an den Begriff „Maserung" erinnern und an die Bedeutung der Maserung für das Holz und die Holzverarbeitung;
- die Maserung vom ästhetischen Gesichtspunkt her betrachten;
- Teile der Maserung mit Hilfe der Phantasie zu Gesichtern und Figuren vervollständigen;
- verschiedene Brauntöne mischen und auf dem Bildgrund in der Struktur einer Holzmaserung malen;
- diese Struktur an einigen Stellen zu einem Gesicht oder einer Figur vervollständigen;
- diese Figur durch Übermalen und durch besondere Farbkontraste verdeutlichen.

Vorschläge für die Unterrichtsgestaltung

Das Thema steht an der Tafel, und die Schüler überlegen, wie so ein kleiner Holzgeist wohl aussehen könnte, etwa wie eine geschnitzte Holzfigur in Form eines Gespenstes oder wie ein besonders bizarr geformtes, knorriges Wurzelstück oder...

Sicher werden sich einige Kinder auch an Schränke oder Holzvertäfelungen mit seltsamen Maserungen erinnern, die an einigen Stellen wie Gesichter wirkten. So könnte natürlich ein kleiner Holzgeist auch aussehen. Vielleicht gibt es in der Schule Beispiele für solche Maserungen in Holztischen, Schränken, Regalen usw.

Die Geschichte vom kleinen Holzgeist auf dem Arbeitsblatt S.12 greift diese Möglichkeit auf. Die Schüler lesen den Text auf dem oberen Teil des Blattes und betrachten die vier Abbildungen. Sie versuchen herauszufinden, wo sich in diesen Bildern der kleine Holzgeist versteckt haben könnte.

Eine Aufforderung zur eigenen Gestaltung schließt sich an. Auch hier sollten, wenn möglich, nochmals reale Maserungen betrachtet und vielleicht mit dem Finger nachgefahren werden, um die Schwünge und die weichen Linien bewußter aufnehmen zu können, die abwechselnd schmaler und breiter werdenden Streifen genauer zu erkennen und die organischen Formen als Bewegungsformen zu entdekken. Dabei wird auch deutlich, daß die Maserung in manchen Holzsorten mit nur zwei Farbtönen auskommt, Während in anderen Hölzern mehrere Brauntöne erscheinen. Unser kleiner Holzgeist lebt in einem kostbaren alten Holz mit vielen verschiedenen Brauntönen.

Das Mischen von Brauntönen ist im Arbeitsblatt genau erklärt, und nachdem die Kinder schon mehrfach andere Farbtöne gemischt haben, bedarf es hier nur einer klaren Erinnerung. Hilfreich ist es dabei wiederum, die Farben jeweils beim Vorlesen im Farbkasten mit dem Finger zu bezeichnen; manchem Kind wird erst dabei klar, daß immer wieder auf den Grundton Braun zurückgegriffen wird, und daß wegen der zwei verschiedenen Farbtöpfchen mit Braun (Gebrannte Siena und Umbra) die Mischungsmöglichkeiten noch wachsen; und auch das Ausscheiden der Farbe Blau kommt vielen Schülern erst jetzt zum Bewußtsein. Der Hinweis auf das richtige Anrühren der Farbe ist auch hier wieder wichtig.

Bei der praktischen Arbeit kommt es nun darauf an, daß die Kinder mit dem Pinsel bewußt die welligen Linien der Maserung ausführen, d.h. sie sollen weder tupfen noch Flächen gestalten. Dabei sollen sie die entstehenden Formen immer wieder daraufhin überprüfen, wo sich hier eine Möglichkeit für ein Versteck für den kleinen Holzgeist finden könnte. Einige Schüler werden von sich aus zuerst den kleinen Holzgeist malen und die Maserung um diese Figur oder Maske herum anordnen. Andere Kinder werden erst zum Schluß durch Übermalen und durch eine farblich intensivere Heraushebung vorhandener Formen den Holzgeist einfügen. Wichtig ist die Anpassung an die organischen Formen der Maserung.

Es wird den Kindern beim abschließenden Betrachten der fertigen Bilder Spaß machen, überall ein Gesicht oder eine Figur zu suchen und zu finden. Auch die Vielfalt der ermischten Brauntöne und die welligstreifige Linienführung sollten bei der Nachbesprechung Bewertungskriterien sein, wobei Wertung sich stets als Lob und positive Kritik, nicht als Abwertung manifestieren sollte. Als kleines Zwischenthema wird die Geschichte des Holzgeistes aufgegriffen und weitergeführt (siehe Zusatzmappe).

Male viel Holz für die zwei Holzgeister.

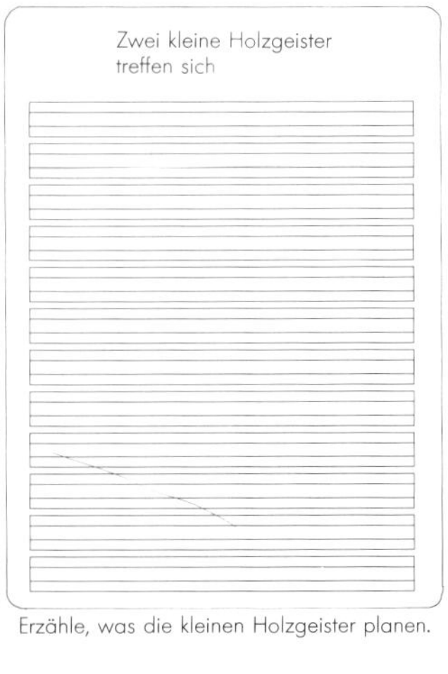

Erzähle, was die kleinen Holzgeister planen.

Thema 8: # Gemälde von René Magritte / Der kleine Holzgeist will fort (zu den Seiten 13 und 14)

Technik: **Betrachtung und Gespräch, zeichnerische und verbale Weitergestaltung des Themas**

Material: **Poster und Druck (Arbeitsblatt S. 13)**
angefangene Zeichnung (S. 14)
Filzstifte oder Holzbuntstifte
weißes Papier DIN A 4

Lernziele:

Die Schüler sollen

- das Gemälde betrachten und erzählen, was darauf dargestellt ist;
- die Bedeutung der dargestellten Gegenstände zu entschlüsseln versuchen;
- die sehr realistische Darstellungsweise und den surrealistischen „Trick" erkennen;
- versuchen, die dargestellte Thematik in märchenhafter Weise selbst zu gestalten;
- zu den Eigengestaltungen erklärend Stellung nehmen.

Vorschläge für die Unterrichtsgestaltung

Die Schüler haben vor sich auf dem Tisch ein Blatt weißen Zeichenkarton (DIN A 4) und das Arbeitsblatt S. 13 mit dem Druck des Gemäldes von René Magritte. Sie betrachten das Bild und zählen auf, was sie sehen. Sie sollen versuchen, alles so genau zu beschreiben wie möglich: die Bretterwand, die Maserung darin, vielleicht die eine oder andere Möglichkeit für den kleinen Holzgeist, die Nägel, mit der die Bretter befestigt sind, den Boden voller Steine, die vier Geldstücke, den Fetzen Zeitungspapier und natürlich vor allem diese seltsamen Schuhe bzw. Füße, die dem Bild die geheimnisvolle Note geben. Nach diesem kommentarlosen Sammeln decken die Kinder mit dem weißen Blatt zuerst schräg den oberen Teil des Bildes ab, so daß die Füße, der Boden und links noch ein wenig vom Bretterzaun zu sehen sind.

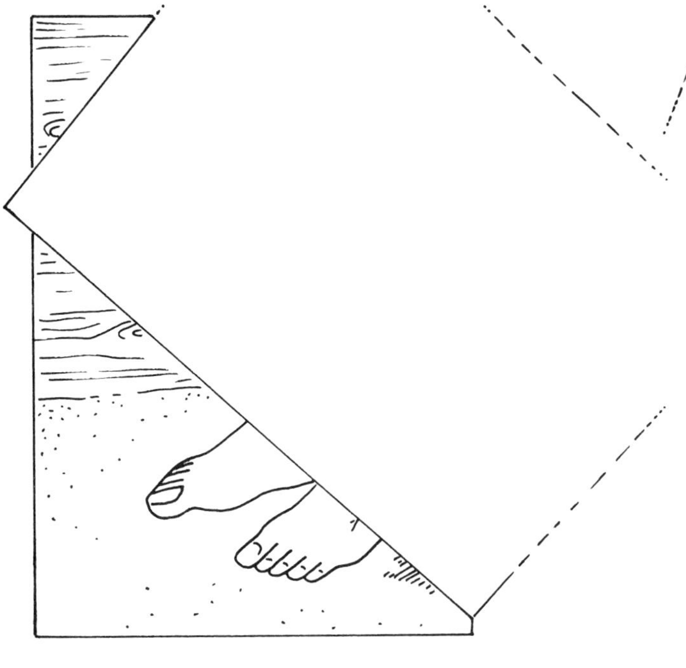

Der übrigbleibende Bildteil wirkt realistisch, fast fotografisch getreu.

Wie könnte man wohl dieses Bild vervollständigen? Zu wem gehören die Füße? Wo steht er, und wo will er hin? Ist es jemand, der gerade aufgewacht ist und mit bloßen Füßen aus der Tür getreten ist, um den Morgen zu begrüßen? Oder ist da jemand unterwegs zum Wasser, um schwimmen zu gehen? Vielleicht muß man nur ein kleines Stück gehen, um von diesem steinigen Boden wegzukommen in weiches Gras, ins Moos oder an einen Bach. Daß es nicht angenehm ist, so mit bloßen Füßen auf dem steinigen Boden zu stehen, das ist jedenfalls sicher. Vielleicht wünscht er sich Schuhe, aber vielleicht will er den steinigen Platz auch nur schnell überwinden. Wer weiß?!

Nun decken die Kinder mit dem weißen Papier den unteren Teil des Bildes ab, so daß nur die Bretterwand, etwas vom Boden und der obere Teil der Schuhe zu sehen sind.

Die Kinder stellen fest, daß auch hier alles ganz natürlich, so wie auf einem Foto wirkt, und sie überlegen wiederum, wie dieses Bild wohl vollständig aussehen könnte, wo es wohl gemacht worden sein könnte, wem diese Schuhe wohl gehören könnten. Es könnten z.B. die Schuhe eines Arbeiters auf einem Bauplatz sein oder die Schuhe eines Wanderers, der sie vor einer Berghütte ausgezogen hat, um seine Füße im kühlen Gras oder im nahen Bach abzukühlen. Jedenfalls steht fest, daß es alte Schuhe sind, solche, die schon oft an- und ausgezogen worden sind, solche, die schon viel erlebt haben. Vielleicht sind sie auch endgültig abgestellt worden, weil sie nicht mehr gebraucht werden. Wer weiß?!

Eigentlich sind es zwei Bilder, zwei Wirklichkeiten, die der Maler da gemalt hat. Aber er hat in seinem Bild gezaubert.

Er hat beide Wirklichkeiten verbunden zu einer neuen Wirklichkeit. Er hat den bloßen Füßen, der Empfindlichkeit und dem Schmerz auf dem harten Boden Schuhe gegeben, und er hat die abgestellten, alten Schuhe zum Leben erweckt und ihnen damit die Möglichkeit gegeben, sich selbständig zu machen.

Und ebenso hat er dadurch dem toten, zur zugenagelten Bretterfunktion herabgesunkenen Holz und dem schmutzigen Boden mit seinen Steinen, den verlorenen Geldstücken und dem zerfetzten Text und Bild einer Zeitung die Erinnerung an das Leben und zugleich eine Zukunftsperspektive gegeben.

Und wenn man sich die Stelle bertrachtet, wo diese Verwandlung geschehen ist, dann stellt man fest, daß es die dunkelste Stelle im Bild ist, wie ja alles Geheimnisvolle entweder in tiefer Dunkelheit oder in gleißendem Licht geschieht, jedenfalls nicht leicht erkennbar.

In aller Stille (denn still und lautlos wirkt das Bild auf den Betrachter) hat René Magritte eine neue Wirklichkeit geschaffen und ermuntert den Betrachter, es ihm nachzutun, das Dasein einfach durch den schöpferischen Akt des eigenen Willens zu verändern, zu erneuern, zu verlebendigen.

Den Kindern ist das Element des Geheimnisvollen viel weniger weit entfernt als uns Erwachsenen. Sie sind im Reich des Märchenhaften, Zauberhaften noch Zuhause. Sie konnten sich den kleinen Holzgeist in der Maserung leicht vorstellen, und sie können auch gut verstehen, daß durch irgendeinen geheimen Zauber Leben in diese alten Schuhe kommt. Vielleicht ist der kleine Holzgeist aus den Brettern herausgeschlüpft und macht sich in den lebendigen, alten Schuhen nun auf die Wanderschaft.

Wohin wird er wandern? In die Stadt? Dann sollte er das Geld mitnehmen und vielleicht den Zeitungsfetzen. Oder will er zurück in den Wald zu seinen Brüdern? Oder hat er Lust, den großen Fluß kennenzulernen oder das Meer?

Auf der Rückseite des Blattes, auf S. 14, finden die Kinder eine angefangene Geschichte und eine angefangene Zeichnung. Sie dürfen den kleinen Holzgeist in die Zauberschuhe hineinmalen und dazumalen und erzählen, wie seine Wanderung sich entwickelt, wohin er kommt, wen er trifft, was er erlebt, was er denkt usw.

Thema 9: # Im Zauberwald (zu den Seiten 15 und 16)

Technik: **Nach Wahl**

Material: **Farben oder Stifte nach Wahl, Arbeitsblatt S. 15/16**

Lernziele:

Die Schüler sollen

- verschiedene Adjektive mit visuell erfahrbarer Funktion lesen und skizzenhaft darstellen;
- eines dieser Wörter auswählen, einen Lückentext damit versehen und dabei die verändernde bildhafte Kraft dieses Wortes erkennen;
- eine dieser Möglichkeiten bildlich realisieren;
- die verschiedenen Ergebnisse miteinander vergleichen und die Wirkungen zu verbalisieren versuchen.

Vorschläge für die Unterrichtsgestaltung

An der Tafel sind verschiedene Adjektive angeschrieben. Daneben ist jeweils ein kleines freies Feld. Die Schüler erhalten die Aufgabe: „Male eines dieser Wörter!" Einige Begriffe sind eindeutig (rot, gelb usw.), andere beinhalten mehrere Möglichkeiten. Ist mit dem Adjektiv „kariert" z.B. ein Blockkaro

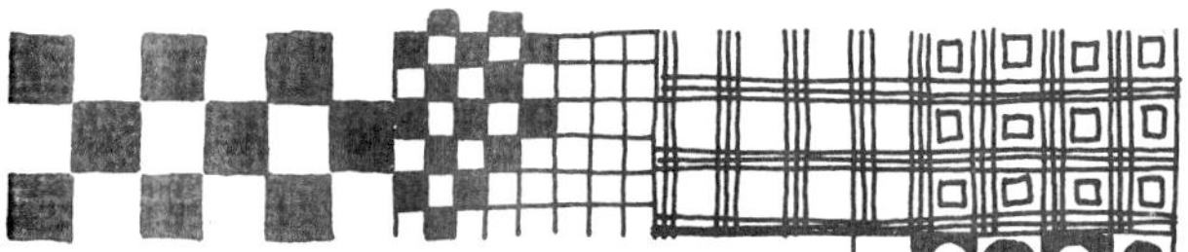

oder ein Streifenkaro gemeint, zweifarbig oder vielfarbig?

Oder sind bei dem Wort „geblümt" einheitliche Blumenzeichnungen

oder viele verschiedene Blumenformen gemeint, linear gezeichnet oder farbig ausgefüllt?

Je mehr Möglichkeiten die Kinder finden und skizzieren, um so besser sind sie vorbereitet auf die praktische Arbeit. Es ist natürlich auch möglich, daß noch andere Adjektive hinzugefügt werden, die sich bildlich darstellen lassen, z.B. gezackt, gewellt, hölzern, mechanisch, zerrissen usw. Diese sind jedoch nicht ganz einfach im Bild zu realisieren und werden von den Kindern kaum gewählt werden.

Nachdem die vorbereitende Arbeit an der Tafel beendet ist, erhalten die Schüler das Arbeitsblatt S. 15/16. Sie betrachten die Zeichnung auf S. 15 und erzählen, was darauf zu sehen ist. Die Geschichte von diesem Bild steht auf der Rückseite, auf S. 16; und weshalb dieser Wald ein Zauberwald ist, das hängt mit den Wörtern an der Tafel zusammen. Die Schüler lesen den Lückentext, betrachten die Bilder und wissen, auf welche Weise man in diesem Zauberwald zaubern kann. Während ein Kind nun eine Möglichkeit vorliest, stellen sich die übrigen in Gedanken vor, wie dieses Bild aussehen würde. Nun wird auch noch die Arbeitsanweisung gelesen, die unter dem Wöterkasten steht, und die Schüler beginnen zu wählen und zu malen. Dabei sind Material und Technik mehr oder weniger von dem gewählten Wort abhängig.

Der Lehrer sollte darauf achten, daß möglichst viele unterschiedliche Ergebnisse entstehen, daß also möglichst jedes Wort wenigstens einmal gewählt wird und daß bei wiederholter Wahl verschiedene Variationen erscheinen. Um so erfolgreicher ist die abschließende Besprechung der fertigen Bilder, in denen die Schloß dann feststellen, daß mit der Wahl des Wortes oft zugleich eine besondere Atmosphäre im Bild zur Wirkung kommt, z.B. der Eindruck eines Feuers beim roten Bild, ein sonniger Eindruck beim gelben, ein nächtlicher beim blauen oder grauen Bild, ein friedlich nachmittäglicher beim gestreiften und ein heiterer, sommerlicher beim geblümten Bild.

- Übrigens, falls ein Bildband von René Magritte zur Verfügung steht, kann man diese Art von Zauberei auch unter seinen Werken finden, besonders deutlich bei dem Bild „Erinnerung an eine Reise III" 1951, wo er die Welt „versteinert" darstellt.

Vorschlag für ein „kariertes" Zwischenthema:

Male den Zwergen bunt-karierte Kleidung.

Erzähle eine karierte Zwergengeschichte.

Thema 10: **Hänsel und Gretel** (zu den Seiten 17 und 18)

Technik: **Malen mit Deckfarbe; Schneidearbeit**

Material: **Deckfarbkasten und Zubehör,
Plakatkarton, Schere, eventuell Tonpapier und leere Streichholzschachteln,
Arbeitsblatt S. 17/18**

Lernziele:

Die Schüler sollen

- ein Bild mit Lebkuchenherzen und -figuren betrachten, ihre Form und die Art ihrer Verzierungen bewußt wahrnehmen;
- eine Lebkuchenfigur nach Wahl malen, verzieren und ausschneiden;
- die Figuren auf irgendeine Weise zusammenstellen.

Vorschläge für die Unterrichtsgestaltung

Bevor dieses Thema im Unterricht begonnen wird, sollte sich der Lehrer darüber klar werden, welches Ergebnis bei der Arbeit entstehen soll:

Die Kinder können einfach nur jedes ein Lebkuchenherz aus Pappe malen und verzieren; ein solches Herz könnte doppelt gearbeitet, mit einem Band zum Umhängen versehen und auf der oberen Seite sogar zusätzlich mit echten Bonbons verziert werden.

Sie können jedes für sich die Figuren des Märchens Hänsel und Gretel malen, verzieren und ausschneiden; vielleicht haben die Eltern Lust, an einem Nachmittag in der Vorweihnachtszeit dazu ein richtiges Hexenhäuschen aus Kuchenteig oder wenigstens eine solche Fassade zu machen, als Überraschung für die Kinder oder gemeinsam mit ihnen. Man kann auch gemeinsam das Hexenhaus mit Figuren und Zubehör gestalten und als Adventskalender verwenden, wie die Abbildung auf S. 17 zeigt. In diesem Falle malen und schneiden die Kinder jeweils ein Teil dieses Gemeinschaftswerkes, und der Lehrer gestaltet aus Tonpapier das Hexenhaus und den Bildgrund so, daß alle gemalten Figuren Platz haben. Dann werden die Umrisse auf den Grund gezeichnet und mit den Zahlen von 1 bis 24 versehen. Sind mehr Kinder in der Klasse, werden einfach einige Zahlen doppelt geschrieben; sind weniger als 24 Kinder in der Klasse, sollten die Lehrer oder ein paar besonders schnell arbeitende Schüler die fehlenden Teile zusätzlich malen.

Da die braune Farbe, mit der das Herz oder die Figur gemalt worden ist, wirklich ganz trocken sein muß, ist es von Vorteil, wenn man die Vorbesprechung und das Malen mit der braunen Farbe, die besonders cremig angerührt, ganz dick aufgetragen und auch ein wenig gemischt werden soll, in die erste Kunststunde legt und erst nach einer Pause (evtl. an einem anderen Tag) mit dem Verzieren beginnt.

Die Herzen und Figuren werden nun auf der Rückseite mit jeweils einer leeren Streichholzschachtel beklebt, die vom Lehrer mit einem kleinen Geschenk gefüllt wird. Alle diese Einzelteile werden in der „Adventskiste" oder in etwas Ähnlichem aufbewahrt, und jeden Tag darf ein Kind die Streichholzschachtel hinter einer Figur leeren und die Figur an der richtigen Stelle aufkleben. Das gemeinsame Hexenhäuschen wird also jeden Tag ein bißchen schöner und bunter, und die nun wieder leeren Streichholzschachteln hinter den Figuren vermitteln einen reliefartigen Eindruck des Gesamtbildes.

Um die Kinder in die Thematik einzuführen, kann das Märchen von Hänsel und Gretel erzählt werden oder das bekannte Kinderlied gesungen werden. Das Bild auf S. 17 wird dann betrachtet, und die Kinder stellen fest, daß das Märchen hier mit Kuchenfiguren dargestellt ist. Bei näherem Hinsehen erkennen sie schnell, was Zuckerguß und Schokolade, was Mandeln und Nußsplitter, was Bonbons und „Liebesperlen" sind und was das Besondere an der Form der Figuren ist.

Die technische Seite dieses Themas kann über ein bewußtes Lesen des Textes auf S. 18 geklärt werden. Nach jedem Satz der Arbeitsanleitung sollte kurz unterbrochen werden, um festzustellen, ob das angegebene Material bereitliegt und ob die Aufforderung verstanden wurde.

Vorschlag für ein Zusatzthema

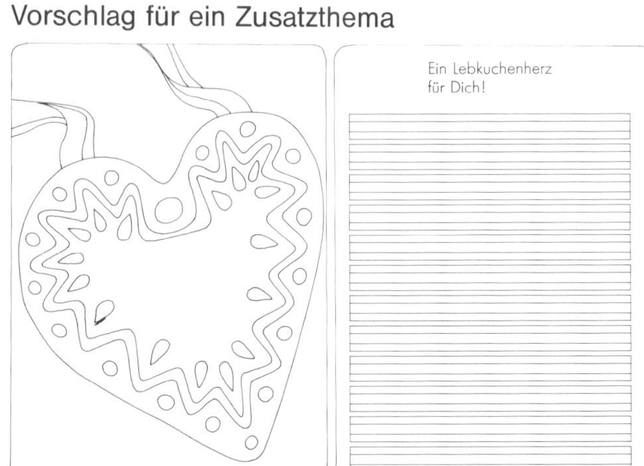

Male das Lebkuchenherz an und schreibe einen Namen hinein. Schreibe einen Brief dazu.

Thema 11: Eine Tanne im Schnee (zu den Seiten 19 und 20)

Technik: **Malen mit Deckfarbe**

Material: **Deckfarbkasten und Zubehör, Arbeitsblatt S. 19/20**

Lernziele:

Die Schüler sollen

- sich emotional mit dem Thema „Tanne im Schnee" auseinandersetzen;
- die Schemazeichnung für Tanne überwinden und rational differenzieren;
- den Stamm einer Tanne bzw. eines Nadelbaumes mit Deckfarben malen;
- beim Malen der Tannennadeln sich um eine starke Differenzierung von Grüntönen bemühen;
- Blau mit Deckweiß so weit aufhellen, daß „Himmelblau" entsteht;
- reines Deckweiß für Schneeflocken und Schneeschichten benutzen.

Vorschläge für die Unterrichtsgestaltung

Auf dem Tisch vor jedem Kind liegt ein kleiner Tannenzweig. Falls es der Zufall will, daß gerade an diesem Tag Schnee gefallen ist, fällt den Schülern ein emotionales Einfühlen in die Thematik „Winter, Schnee, Stille, Winterwald, Tanne im Schnee" sicher leicht. Aber auch ohne realen Schnee ist es den Kindern möglich, sich einen Winterwald vorzustellen, den Schnee, der still und langsam vom Himmel fällt und dann am Waldrand eine Tanne. Wie sieht sie aus? Wie ist sie gewachsen? Da ist zuerst einmal der Stamm mit seinen breit ausladenden, festen Wurzeln in der Erde. Hoch und gerade streckt er sich in den Himmel. Die Kinder formen diesen Stamm gestisch mit ihren Händen in der Luft, beginnend mit den Wurzeln auf dem Tisch und dann dem hochaufragenden Stamm folgend, so weit die Hände reichen. Viele Äste gehen an den Seiten von diesem Stamm ab, oben dünn und kurz, aber nach unten hin immer länger und breiter werdend, und an diesen Ästen wachsen wieder Äste und Zweige – auch diese Vorstellungen untermalen die Kinder mit Gesten –; und schließlich sind alle Zweige von Tannennadeln umgeben. Diese letzte Feststellung betrachten wir genau in der Realität, jedes Kind an dem kleinen Tannen- oder Fichtenzweiglein, das vor ihm liegt.

Und an dem Tannenstrauß, der sicher in der Adventszeit in jedem Klassenraum zu finden ist und auf dem jetzt vielleicht das Lampenlicht schimmert, kann man erkennen, daß die Nadeln nicht alle gleich grün aussehen, sondern je nach Lichteinfall in den unterschiedlichsten Grüntönen leuchten, von ganz Hellgrün bis zu einem tiefen Dunkelgrün im Schatten.

Auf dem Arbeitsblatt S. 20, das die Kinder nun in die Hand bekommen, betrachten sie die Abbildungen. Hier haben Kinder eine hohe, alte Tanne im Schnee gemalt. Sie haben die Aufgabe unterschiedlich gelöst. Bei einigen sieht man die Wurzeln im Schnee ganz deutlich; bei einigen erkennt man noch genau, wie liebevoll die einzelnen, unterschiedlichen, grün schimmernden Nadeln gemalt worden sind; einigen war der kraftvolle, hohe Stamm das Wichtigste und anderen die vielen Äste und Zweige. Und wie haben die Kinder den Himmel gemalt und den Schnee? Daß man Farben mit Deckweiß aufhellen kann und daß man Deckweiß auch in reiner Form benutzen kann, wissen die Kinder bereits und können deshalb das Mischen von Himmelblau leicht erklären und das Zustandekommen von Schneedecken und Schneeflocken ebenfalls.

Da allerdings bei der praktischen Arbeit anfangs alle Konzentration auf dem formalen Problem der Tannengestaltung und auf dem Farbproblem der Grüntöne liegt, ist es sicher notwendig, bei der Gestaltung des Hintergrundes noch einmal an das Untermischen von viel Deckweiß unter das Blau zu erinnern.

Uns Erwachsenen fällt bei der Betrachtung dieser Bilder auf, daß die Schneeflocken nicht den Stamm und die Zweige überdecken. Diese Tatsache ist jedoch aus der Sicht des Kindes völlig logisch. Der Schnee bedeckt den Baum ja tatsächlich nur außen, und außen ist in diesem Falle oben und rechts und links. Die von den Kindern sozusagen von innen herausgestaltete Form des Baumes ist vor dem Schnee und der Kälte geschützt. Diese Gestaltungsweise ist für Kinder normal und legitim, denn Kinder malen weniger das, was sie sehen, als das, was sie wissen. Es geht ihnen weniger um den „Schein" als vielmehr um das „Sein", ein Grund übrigens dafür, daß Maler wie Kandinsky oder Paul Klee von der „Wahrhaftigkeit der Kinderzeichnung" und der Kunst primitiver Völker so fasziniert waren.

Der Text auf S. 20 faßt das mündlich und gestisch Erarbeitete noch einmal kurz zusammen und versucht gleichzeitig, das emotionale und etwas märchenhafte Element wieder in den Vordergrund zu rücken.

Auch zu diesem Thema findet sich für besonders schnell arbeitende Schüler in der Zusatzmappe eine Kopiervorlage für ein Zwischenthema.

Thema 12: **Das „Engelskonzert" von M. Grünewald**
(zu den Seiten 21 und 22)

Technik: **Bildbetrachtung, Gespräch**
ausschnitthafte Parallelgestaltung in Deckfarbenmalerei

Material: **Poster oder Druck des Gemäldes von M. Grünewald „Engelskonzert"**
Arbeitsblatt S. 21/22

Lernziele:

Die Schüler sollen

- das Bild von M. Grünewald betrachten und dabei aufzählen, was sie alles erkennen und benennen können;
- Vermutungen äußern zu den Figuren und Gegenständen im Bild, die nicht auf Anhieb erklärbar sind;
- sich Gedanken machen über die farbliche Gestaltung des Bildes und über die Funktion der Farben;
- versuchen, selbst einen musizierenden Engel zu malen und sich dabei einerseits um eine möglichst genaue Wiedergabe eines selbstgewählten Musikinstrumentes bemühen, andererseits helle und dunkle Farben und Mischfarben bewußt einsetzen und zum Kontrast bringen.

Vorschläge für die Unterrichtsgestaltung

Mit „Engeln" verschiedenster Art werden die Kinder in der Vorweihnachtszeit immer wieder konfrontiert. Vom Rauschgoldengel über Ton-, Porzellan- und Juteengelchen als Kerzenhalter etc, über Reklameengel in den Schaufenstern und Kaufhäusern bis zu den Glanzbildengeln und den Bilderbuchengeln, die Plätzchen backen und dem Christkind helfen, den Schlitten zu ziehen. Vielleicht ist es möglich, in der Klasse eine kleine „Engel-Ausstellung" zu machen, wo die verschiedensten Darstellungen von Engeln nebeneinanderstehen. – Eine Verbindung zum Religionsunterricht liegt hier nahe. – Wenn man alle diese Engel betrachtet, so wird auch den Kindern bald deutlich, daß viele dieser Figuren nur „niedliche" Menschenkinder mit Flügeln sind, nichts weiter. Durch eine kurze Überleitung werden die Kinder von den sehr irdischen, oberflächlich dargestellten Engeln unserer Umwelt auf die Betrachtung des Bildes von M. Grünewald eingestimmt.

„Vor langer Zeit, vor beinahe 500 Jahren (1511 – 1515) hat 'Mathis, der Maler', der berühmte Matthias Grünewald, auch Engel gemalt. Er hat sie auf ein Altarbild gemalt. Das ist ein sehr großes Bild, und die Engel, die wir heute betrachten wollen, sind nur ein Ausschnitt aus dem großen Isenheimer Altarbild."

Die Kinder betrachten das Bild vom Engelskonzert entweder auf dem Poster an der Tafel oder (bzw. und) auf ihrem Arbeitsblatt (S. 21) und zählen alles auf, was sie erkennen und erklären können. Das Gespräch wird sich auf zwei Schwerpunkte konzentrieren; es geht einmal um die Engel und ihre sehr unterschiedliche Darstellung – menschenähnlich mit schönen alten Instrumenten ausgestattet und in weitfallenden, hellen Gewändern oder mit einem Federkleid wie ein Vogel bekleidet, als Kinder mit strahlenden Gloriolen oder als kaum erkennbare Wesen, die schmetterlingsgleich aus dem Dunkel kommen – auch die helle Gestalt an der rechten Seite scheint irgendwie zur himmlischen Engelswelt zu gehören.

Zum anderen geht es um die architektonische Gestaltung des Raumes, um die reichverzierten, gotischen Spitzbögen mit einem Baldachin, die zu einer Kirche oder Kapelle zu gehören scheinen, um die Säulen aus Marmor und Gold, die von Blättern und Blüten umrankt sind und an denen kunstvoll geschnitzte Statuen angebracht sind, die beinahe lebendig wirken.

Als nächstes stellt sich die Frage: Was tun die Engel? Was geschieht in diesem Bild?

Die Engel musizieren; sie tun es mit frohen Gesichtern; sie sind ganz bei der Sache; sie singen und haben staunende, bewundernde Gesichter; sie wenden sich alle in die gleiche Richtung und machen uns damit neugierig auf die zweite Hälfte des Bildes. Wer wird wohl dort dargestellt sein? Für wen musizieren und singen die Engel, wohin schauen sie betend und bewundernd, und schließlich: für wen sind der hölzerne Waschzuber und die gläserne Wasserkanne?

Die Antwort ist leicht gefunden, wenn man bedenkt, daß es sich um ein „Weihnachtsbild" handelt. Es sind Maria und das Jesuskind auf der zweiten Hälfte abgebildet.

Aber diese zweite Hälfte interessiert uns nur am Rande. Wir konzentrieren uns wieder auf das Engelskonzert und auf seine Wirkung: heiter, bewegt, von einer stillen Lebendigkeit, voller Licht und voller Musik. Und wie hat der Maler diese Wirkung erreicht? Welche Farben hat er benutzt und was hat er mit dem Licht gemacht?

Obschon die Farben auf dem Druck nicht völlig dem Original entsprechen, helfen sie den Kindern doch, ein ganz wesentliches Element der künstlerischen Aussage zu erkennen. In der Beschränkung auf „Lichtfarben" (im Original kommen auch die übrigen Farben des „Regenbogens", des farbigen Lichts zur Geltung) erreicht der Maler eine schimmernde, kostbare, warme Helligkeit, die nicht durch eine äußere Lichtquelle auf die Gegenstände und Figuren projiziert wird, sondern das Licht scheint aus den Figuren selbst herauszustrahlen. Sie sind selbst Licht; lichtdurchflutete Wesen aus einer anderen Welt. Sie machen nicht nur Musik für das neugeborene Jesuskind auf Marias Armen; sie bringen gleichzeitig den Menschen, die dieses Bild betrachten, die Botschaft von Gottes Licht und die Hoffnung auf eine neue Möglichkeit, wie sich dieses Licht in unserer dunklen Welt ausbreiten kann.

Wenn die Kinder anschließend den Auftrag erhalten, selbst einen musizierenden Engel zu malen, so sind bei dieser Aufgabe zwei Probleme zu bewältigen.

1. Der Engel soll ein Instrument spielen – aber welches?

Je mehr verschiedene Instrumente später in unserem gemeinsamen Engelkonzert mitspielen, um so schöner! Wie malt man aber eine Harfe oder eine Trompete, wie sieht eine Laute aus, und wie bläst der Engel auf der Flöte? Vielleicht gibt es ein Musikbuch oder ein Plakat im Musikraum der Schule, wo man solche Informationen erhalten kann. Im übrigen dürfen die Instrumente auch etwas vereinfacht sein, eventuell können sogar ganz neue Arten dazuerfunden werden.

2. Der von den Kindern gemalte Engel soll ein Engel sein, der wie Grünewalds Engel hell ist, aus seinem Innern leuchtet, ein strahlendes Lichtwesen. Dazu ist es notwendig, sich über die Farben Gedanken zu machen, helle Farben zu wählen, mit Deckweiß und viel Gelb zu arbeiten und den Bildgrund im dunklen Kontrast zu halten. Während des vorbereitenden Gesprächs könnte etwa folgende Tafelanschrift entstehen:

Bildgrund:
entweder dunkel als Kontrast oder hell wie die Engel

Außenrand:
weiß lassen oder als Säule gestalten oder mit Tannengrün bemalen ...

Musizierender Engel zur Weihnachtszeit

Wer ?	Was ?	Wie ?
ein Engel	- schönes Haar	hell
	- ein helles, weites Kleid	strahlend
(den Engel und das Musikinstrument zuerst malen, dann erst den Hintergrund)	- ein freundliches Gesicht	leuchtend
	- ein schönes Musikinstrument	weiß
		gelb
		orange
		rot

Thema 13: Ein Baum verändert sich (zu den Seiten 23 und 24)

Technik: **Malen mit Deckfarbe**

Material: **Deckfarbkasten und Zubehör, Arbeitsblatt S. 23/24**

Lernziele:

Die Schüler sollen

- sich bewußt mit der Form und den Einzelteilen eines Baumes auseinandersetzen;
- die Einzelteile benennen und die Übergänge bewußt wahrnehmen;
- über das veränderte Aussehen eines Baumes während der vier Jahreszeiten sprechen;
- einen Baum so differenziert wie möglich malen und den Hintergrund sowie den Boden entsprechend gestalten;
- die besondere Gestalt des Baumes in einer ausgewählten Jahreszeit darstellen;
- mit Mischtönen arbeiten;
- die deckende Malweise (sowohl dunkel auf hell als auch hell auf dunkel) einsetzen.

Vorschläge für die Unterrichtsgestaltung

Voraussetzung für die Bearbeitung dieses Themas ist die genaue Betrachtung eines Baumes, entweder in der Realität, wenn sich in der Nähe der Schule Gelegenheit dazu bietet oder anhand von Fotos, Kalenderblättern, Postern, Dias usw.

Daran schließt sich die Erarbeitung an der Tafel an. Als Thema steht dort „Ein Baum". Unten auf der Tafel steht das Wort „Stamm", und ein Stamm ist auch skizzenhaft mit zwei Strichen daneben angedeutet.

Nun sammeln die Schüler weitere Einzelteile des Baumes und versuchen, sie zu der Skizze hinzuzufügen, so daß mit der Zeit auf der linken Seite eine Wortsammlung und daneben eine Baumskizze entsteht, in der durchaus auch mehrere Linien übereinanderlaufen dürfen, um z.B. verschiedene Möglichkeiten der Gestaltung anzudeuten. Auch muß der Baum nicht vollständig sein, es handelt sich ja nur um eine Skizze.

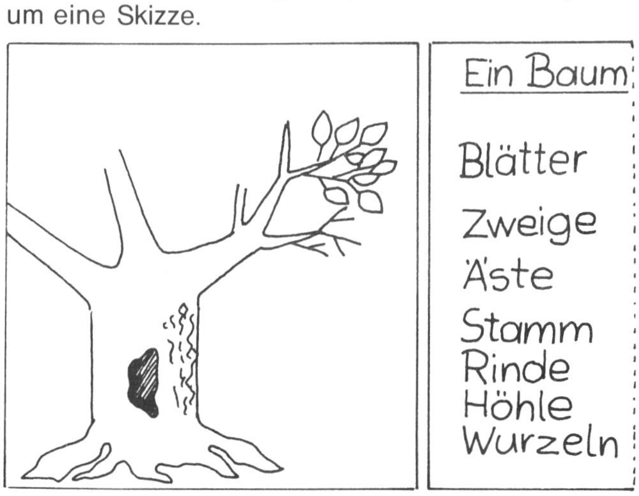

Dann wird das Thema „Ein Baum" vervollständigt. „Ein Baum verändert sich" steht nun an der Tafel. Neben verschiedenen Vermutungen, welche Veränderung gemeint sein könnte, etwa, wenn der Baum wächst oder wenn er verzaubert würde, werden die Schüler bald die Jahr für Jahr sich wiederholende Veränderung in den vier Jahreszeiten nennen. Entsprechend wird nun auch die Tafelanschrift vervollständigt durch die Begriffe „Frühling, Sommer, Herbst, Winter" und das in diesen Zeiten besondere Aussehen des Baumes mit zarten, weißen Blüten, dichtem Blattwerk, buntem Laub oder Früchten und schließlich kahl und mit Schnee bedeckt.

Nun erhalten die Schüler das Arbeitsblatt S. 23/24, lesen den Text und betrachten die Bilder. Die Aufforderung „Schaut euch den Himmel hinter den Bäumen an!" lenkt die Schüler auf eine Auseinandersetzung mit der Hintergrundgestaltung. Je nach Jahreszeit kann der Bildgrund einen anderen Grundton bekommen, ähnlich wie in den Beispielbildern, aber statt gelb für den sonnenhellen Sommer könnte auch Grün gewählt werden, im Herbst könnte der Grund rot sein und für den Winter wäre auch Grau eine akzeptable Farbe.

Wichtiger als die tatsächliche Hintergrundfarbe ist die Auseinandersetzung jedes einzelnen Schülers mit diesem Problem und eine eigene Lösung, die er auch begründen kann.

Bei der praktischen Arbeit entschließt sich jedes Kind für eine Jahreszeit. Zuerst malen alle Kinder einen Baum so sorgfältig und differenziert wie es ihnen möglich ist. Dabei sollte besonders auf die Übergänge vom Stamm zu den Wurzeln (bzw. zum Boden) und zu den Ästen, von den Ästen zu den Zweigen usw. geachtet werden. Sie sollen angewachsen, nicht angeklebt wirken,

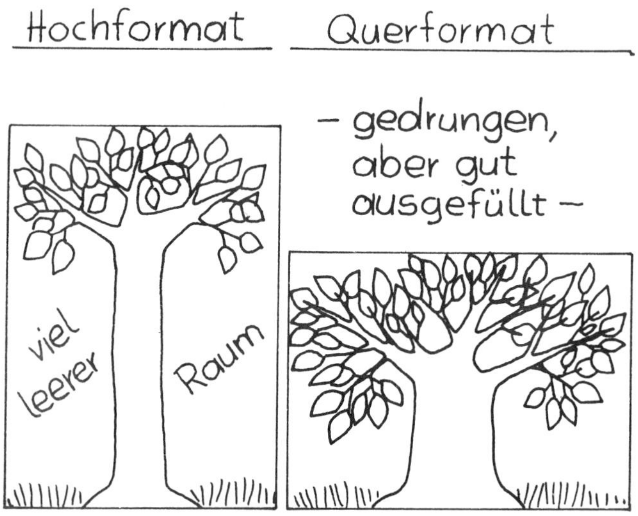

Obschon ein Baum normalerweise ganz besonders für Kinder sehr hoch wirkt und jedes Kind spontan das Hochformat gewählt hätte, wurde hier das Querformat gewählt. Der Baum selbst wirkt dadurch zwar gedrungen, aber die Baumkrone bekommt automatisch mehr Raum und dadurch mehr Aufmerksamkeit. Die Gefahr „leerer" Bilder wird abgewendet, hohe Stämme mit Minikrone „passieren" den Kindern so gar nicht erst, und ungenutzter Raum fällt weg.

Nachdem der Baum selbst fertiggemalt ist, beginnt die Gestaltung des Hintergrundes, mit der auch endgültig die Wahl der Jahreszeit festliegt. Die Blüten, die Blätter oder der Schnee werden anschließend deckend über die weitgehend trockenen Farbflächen gemalt. Es dürfen übrigens auch andere Attribute wie Blumen, Vögel, Schmetterlinge und Pilze hinzugefügt werden.

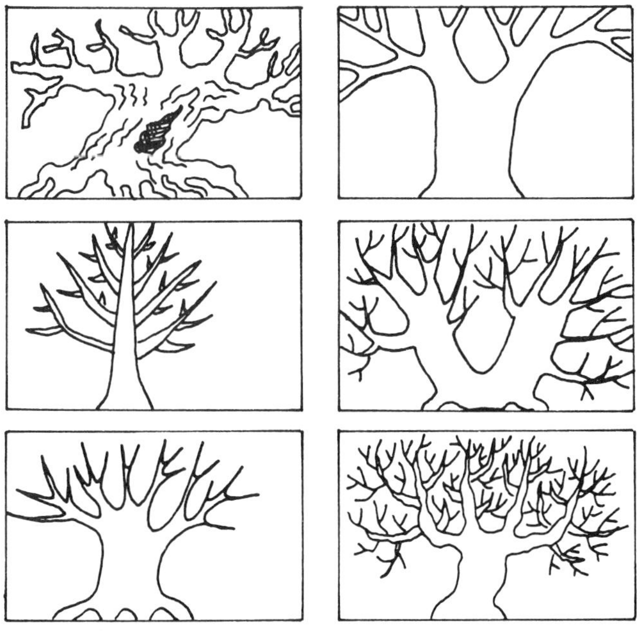

Bei der abschließenden Besprechung liegen (oder hängen) alle Frühlingsbilder, aller Sommerbilder, die Herbstbilder und die Winterbilder zusammen. Der Eindruck der jeweiligen Jahreszeit wird so verstärkt, und Überlegungen zur Farbgestaltung sind besser vergleichbar. Für die Besprechung der Baumformen sind vielleicht folgende Fragen hilfreich: Welches ist der älteste Baum, welches der jüngste? Welcher Baum hat die breiteste Krone? Wo sind die Äste am natürlichsten angewachsen? Bei welchem Baum sieht man am meisten von den Wurzeln?...

Vielleicht könnte zum Schluß die eine oder andere Vierergruppe zusammengestellt werden von Bildern, die „zusammenpassen", d.h. die stilistische Ähnlichkeiten aufweisen.

In Kombination mit dem Sachunterricht läßt sich so eine einprägsame Ausstellungswand gestalten, die den Kindern um so wichtiger ist, als ihr eigenes Bild dabei ist.

Die nebenstehend abgebildete Vorlage für ein Zusatzthema bietet als Zusammenfassung der Thematik „Jahreszeiten" eine weitere Bearbeitungsmöglichkeit – wiederum im Sinne fächerübergreifenden Unterrichts einsetzbar.

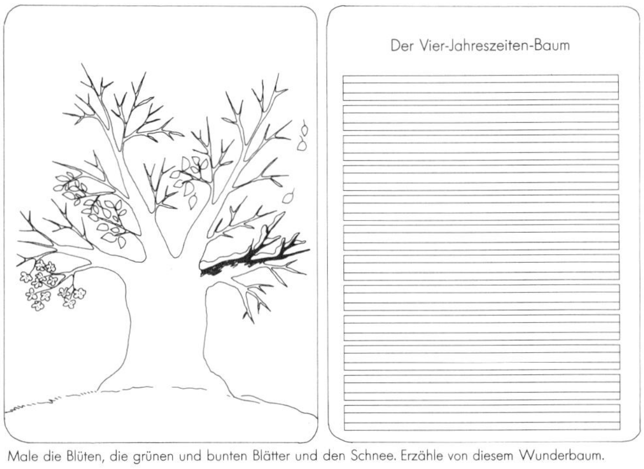

Male die Blüten, die grünen und bunten Blätter und den Schnee. Erzähle von diesem Wunderbaum.

Thema 14: Auf die Mauer geschrieben (zu den Seiten 25 und 26)

Technik: **Malen mit Deckfarbe/Grafitti mit Wachskreide**

Material: **Deckfarbkasten und Zubehör, weiße Wcachskreide, Bleistift oder Füller, Arbeitsblatt S. 23/24**

Lernziele:

Die Schüler sollen

- einfache Dinge (also z.B. eine alte Backsteinmauer) differenziert betrachten;
- die Beobachtungen verbalisieren und schriftlich fixieren, einmal durch das Aufschreiben der verschiedenen Farbtöne, zum andern durch das Weiterzeichnen der auf dem Arbeitsblatt angefangenen Skizze;
- ein Stück Backsteinmauer malen und dabei sowohl den formalen Aspekt des Mauerns im Verbund als auch den farblichen Aspekt der möglichst großen Vielfalt an Rottönen beachten;
- die gemalte Mauer mit einer weißen Kreidezeichnung versehen.

Vorschläge für die Unterrichtsgestaltung

Der Lehrer bringt einen roten Ziegelstein mit in die Schule und legt ihn kommentarlos an eine Stelle, wo alle Schüler ihn gut sehen können. Die Kinder sprechen dazu, und der Lehrer schreibt einiges davon an die Tafel, so daß zum Schluß etwa folgendes dort steht:

> Ein Stein,
> ein Mauerstein,
> ein Ziegelstein,
> ein Backstein,
> er ist rot.

- Wenn das so ist, dann kan man ja wohl auch sagen: Eine Backsteinmauer ist rot.
  Aber: Ist sie wirklich rot?

Schon ein einzelner Ziegelstein ist nicht eindeutig rot, um wieviel weniger eine ganze Mauer. Die Schüler schauen sich das Rot auf dem Arbeitsblatt S. 25 an und stellen fest, daß bei dieser Backsteinmauer unterschiedliche Rottöne zu erkennen sind. Sie versuchen, diese Rottöne zu beschreiben als z.B. Hellrot, Orangerot, Rosa, Rotgrau, Rotbraun, Zinnoberrot; auch Gelb, Ocker und fast sogar das Weiß sind vertreten. Die Schüler schreiben diese Farbtöne auf die vorbereiteten Linien im Arbeitsblatt und lesen dann den Text darunter, der auf die Art des Mauerns verweist, bei der die Steine „auf Lücke" gesetzt werden, um der Mauer größere Festigkeit zu geben. Die Schüler versuchen, die Skizze neben dem Foto fortzusetzen und achten dabei genau auf den „Verbund". Die beiden bildnerischen Probleme, um die es hier vorrangig ging, sind damit geklärt, und der praktischen Arbeit steht nichts mehr im Wege; die Aufforderung dazu lesen die Kinder still, und dann beginnen sie mit dem Malen. Sie entscheiden selbst über die Größe der Steine und darüber, ob sie Fugen zwischen die Steine setzen wollen.

Die Kreide-Grafitti können erst in der nächsten Kunststunde eingesetzt werden, da die Deckfarbe wirklich ganz trocken sein muß. Die Kreidezeichnung muß mit starkem Druck aufgetragen werden, einige Striche müssen auch mehrfach nachgezogen werden, da die Wachskreide nicht gut auf dem Deckfarbenuntergrund haftet.

Als Zwischenthema für Kinder, die früher mit der Mauer fertig sind als die anderen bieten sich die „Mauern der alten Burgruine" an, deren Stein-Strukturen weitergezeichnet und eventuell farbig gestaltet werden können. Auch eine kleine Geschichte von der Maus, die in dieser Ruine lebt, läßt sich vielleicht erfinden.

Male die Mauersteine der alten Burgruine.

Erzähle, wer in dem alten Gemäuer lebt.

Thema 15: Tolle Kostüme (zu den Seiten 27 und 28)

Technik: **Malen mit Wachskreide**

Material: **Wachskreide, schwarzer Filzstift, Schere**
Arbeitsblatt S. 27/28

Lernziele:

Die Schüler sollen

- eine Figur mit einem Kostüm nach Wahl malen und dabei sorgfältig auf die Mittellinie und die kleinen Begrenzungsstriche an beiden Seiten achten;
- einen Namen und eine Tätigkeit für ihre Figur suchen und aufschreiben;
- das Bild zerschneiden und offen sein für die Überraschungen, die sich aus den neuen Zusammensetzungen ergeben.

Vorschläge für die Unterrichtsgestaltung

Das, was die Kinder beim Karnevalsfest am meisten interessiert, ist das Kostümieren, das Hineinschlüpfen in eine andere Rolle, das Ganz-anders-aussehen. Schon wochenlang vorher machen sie Pläne und sammeln die nötigen Kostüme. Deshalb macht es ihnen auch Spaß, diese vorgestellten oder auch wirklichen Kostüme zu malen. Schon nach einem kurzen, einleitenden Gespräch über die Kostüme der Kinder, Erinnerungen an frühere Verkleidungen und besondere Wünsche hierzu wird das Arbeitsblatt S. 27/28 verteilt, und die Schüler betrachten die Bilder und lesen den Text im oberen Teil der S. 28. Dann versuchen sie zu lesen, was auf den einzelnen Bildern neben den kostümierten Figuren geschrieben steht. Wenn sie nun weiterlesen und die unten abgebildeten Zusammenstellungen betrachten, werden sie schnell verstehen, weshalb die Bilder in der Mitte durchgeschnitten werden mußten.

Das Arbeitsblatt wird nun umgedreht, und die Schüler finden selbst heraus, was die Linien auf dieser S. 27 zu bedeuten haben. An der Tafel wird dann noch einmal ganz deutlich gemacht, daß die Begrenzungen rechts und links auf der Mittellinie weder über- noch unterschritten werden dürfen und daß das Oberteil einer jeden Figur mit Kopf und Armen unbedingt ganz in der oberen Hälfte bleiben muß und das Unterteil mit Bauch und Beinen in der unteren Hälfte.

Auch bei den anschließend hinzuzufügenden Texten muß eine solche strikte Zweiteilung eingehalten werden: die genaue Bezeichnung der Figur, also z.B. „Der große Zauberer Simsala" gehört in den oberen Bildteil, die Aussage über das, was diese Figur tut, also z.B. „zaubert lauter Luftschlangen" gehört in den unteren Teil. Wenn diese Spielregeln nicht genau eingehalten werden, kann man später die Einzelteile nicht kombinieren.

Das aber ist ja das Ziel dieser Arbeit.

Es gibt übrigens zwei verschiedene Arten, die entstandenen Bilder bzw. Bildteile auch noch nach dem Karnevalsfest allen Kindern zugänglich zu machen:

Man kann die vorhandene Lochung zu einer Viererlochung erweitern, die zerschnittenen Bilder in ein Ringbuch legen und dann beliebig darin blättern; jedes Oberteil kann dann mit jedem Unterteil kombiniert werden. Man kann aber auch die oberen Bildteile auf roten Karton kleben und die unteren Bildteile auf grünen Karton. Auf diese farbigen Rückseiten werden dann die Zahlen von 1 bis 6 (oder Würfelbilder) gezeichnet. Dann werden die Bildteile mit Folie umklebt, und fertig ist ein Würfelspiel, bei dem es nicht ums Gewinnen, sondern nur um den Spaß geht (und nebenbei ums Lesen!).

Vorschlag für ein Zwischenthema:

Male die Sachen, die Tina angezogen hat.

Erzähle, was Tina in der Kleiderkiste fand.

Schnittmuster
für einen Lesevogel

– mit vielen unterschiedlichen Möglichkeiten zum Aussuchen –

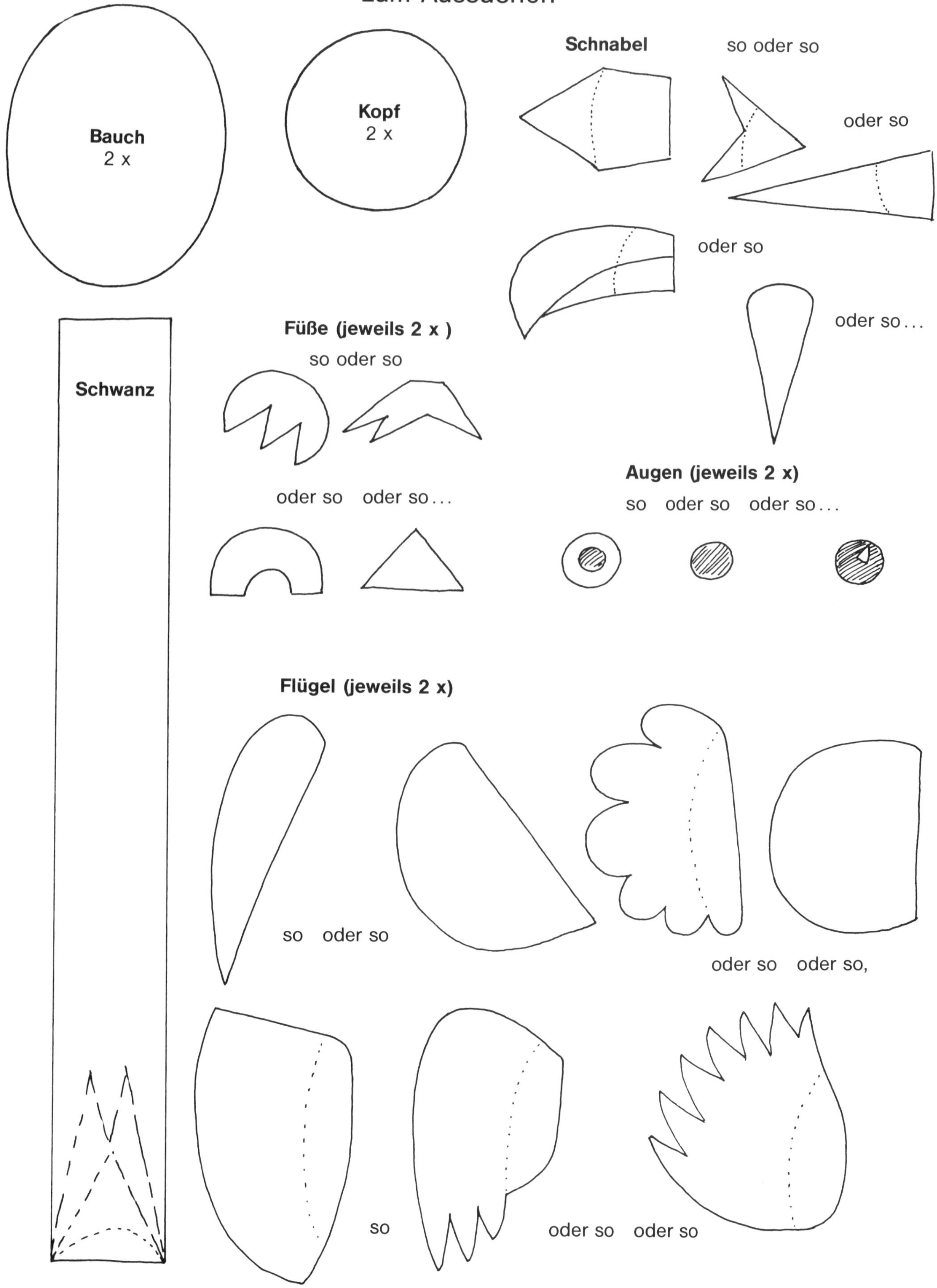

Thema 16: Ein Lesezeichen (zu den Seiten 29 und 30)

Technik: **Schneide- und Klebearbeit**

Material: **Tonpapier oder Zeichenkarton, Schere und Klebstoff**
Arbeitsblatt S. 29/30

Lernziele:

Die Schüler sollen

- das Grundmuster eines Vogel nach Anleitung technisch richtig zusammenfügen;
- dieses Grundmuster aus Kopf, Bauch und Schwanz durch Bemalen, Bekleben und diverse Einzelteile individuell variieren und komplettieren;
- den Vogel als Lesezeichen verwenden.

Vorschläge für die Unterrichtsgestaltung

Da für diese Arbeit nur wenig farbiges Tonpapier und vor allem jeweils nur kleine Stücke benötigt werden, kann man bunte Papp- und Tonpapierreste benutzen, die bei anderen Arbeiten übrig geblieben sind. Dadurch kann das Angebot an verschiedenen Farben reichhaltig sein und die Kinder können frei wählen, ob sie einen gelben Kanarienvogel, einen schwarzen Raben, einen weißen Kakadu oder einen bunten Papagei basteln wollen. Von jeder Farbe sollten genügend Reste vorhanden sein und auch an Papieren zum Verzieren und zum Ausschneiden der Flügel, der Krallen und des Schnabels sollte es nicht fehlen. All dieses Papier liegt vorn oder in der Mitte der Klasse auf einem freien Tisch bereit. Die Kinder schauen zuerst das Arbeitsblatt S. 29 an, lesen den kurzen Text und überlegen, wie diese Lesezeichenvögel wohl gemacht worden sind.

Dann schauen sie auf der Rückseite nach, wo die genaue Arbeitsanleitung steht, lesen den Text zuerst einmal still, jedes Kind für sich, und dann wird gemeinsam Satz für Satz vorgelesen.

Schon nach dem ersten Satz fangen die Zwischenüberlegungen an: Welche Farben brauchen wir, d.h. welchem Vogel soll der Lesevogel gleichen? Um diese Frage beantworten zu können, werden an der Tafel einige Möglichkeiten angeschrieben.

Vielleicht stehen auch ein paar Vogelposter zur Verfügung, die diese Vorstellungen veranschaulichen können.

Lauter Lesevögel

- ein schwarzer Rabe
- ein gelber Kanarienvogel
- ein schwarzweißer Storch
- usw.

Der nächste Satz wirft die ersten technischen Probleme auf. Entweder erhalten die Schüler einen „Schnittmusterbogen" (siehe Anlage) oder aber sie gestalten die gesamte Vogelfigur nach eigenen Vorstellungen, d.h. auch Kopf, Bauch und Schwanz werden aus der freien Hand geschnitten. Wenn die Schüler einigermaßen geschickt und selbständig sind, macht ihnen das keine Schwierigkeiten. Daß Kopf und Bauch dann vielleicht nicht ganz rund sind und eigenwillige Proportionen haben, stört nicht, im Gegenteil:

Jede dieser Formen kann einen interessanten Vogel abgeben. Wichtig ist zuerst einmal, daß sowohl das Papier für den Kopf als auch das Papier für den Bauch beim Schneiden doppelt liegen, damit die Vorder- und Rückenseiten ganz identisch werden. Nun werden die Einzelteile zugeschnitten, zuerst zwei Flügel, in der Form wieder nach eigenen Vorstellungen, die aber natürlich zuvor an der Tafel skizziert wurden, z.B. so:

Bei den Flügeln, wie auch anschließend bei den Füßen, beim Schnabel und bei den Augen müssen die Kinder darauf hingewiesen werden, daß diese Teile möglichst groß geschnitten werden, denn die Erfahrung zeigt, daß Kinder bei diesen Teilen oft zu vorsichtig sind.

Die Schwanzfedern schließlich sollten möglichst schon grob vorbereitet sein, entweder in textilem Material oder aber mit der Schneidemaschine zugeschnittene Tonpapierstreifen.

Nachdem die Form und der Zuschnitt aller Teile genau besprochen und an der Tafel festgehalten wurden, sollte der Lehrer einmal mit großem Anschauungsmaterial demonstrieren, wie die Einzelteile zusammengefügt werden.

Dieser große Lesevogel, den die Kinder dann auch später noch gemeinsam bemalen oder bekleben dürfen, ist vielleicht ein passender Schmuck für die Leseecke.

Um die Lesevögel der Kinder zum Schluß etwas haltbarer und weniger fleckempfindlich zu machen, kann man sie mit einfachem Klarlack bestreichen oder übersprühen. Es darf jedoch zuvor nicht mit Filzstiften gearbeitet worden sein. Mit Filzstiften bemalte Flächen verlaufen unter Lack.

Thema 17: Der kleine Drache (zu den Seiten 32 und 33)

Technik: **Malen mit Wachskreide**

Material: **Wachskreide**
Arbeitsblatt S. 32/33

Lernziele:

Die Schüler sollen

- das Schema für die Tierform differenzieren;
- Formen kennenlernen, mit denen man Feuer darstellen kann;
- neue Möglichkeiten der Arbeit mit Wachsmalstiften bewußt ausprobieren;
- die Wirkung von Kontrastfarben erkennen.

Vorschläge für die Unterrichtsgestaltung

Geschichten von Drachen gibt es viele, auch in vielen Lesebüchern. An das Lesen und an die Arbeit mit einer solchen Geschichte könnte diese Aufgabe anschließen, eventuell mit dem erzählten oder vorgelesenen Anfang der Geschichte auf S. 32. Nach einigen Überlegungen darüber, was der kleine Drache wohl „eines Tages" erlebt haben könnte, folgt die Aufforderung, den kleinen Drachen zu malen. Da erhebt sich gleich zu Anfang die Frage nach der Form. Was gehört alles zu einem Drachen?

Natürlich, er hat einen Kopf, aber wie sieht der aus? Die Kinder skizzieren an der Tafel Vorschläge dazu, ebenso zu den weiteren Merkmalen des Drachen.

Nach und nach ist dieses Tafelbild entstanden, und in den Kindern hat sich auf diese Weise die Vorstellung von einem Drachen geklärt. Nun erhalten sie das Arbeitsblatt S. 32, betrachten die Bilder und lesen den Text. Sie stellen fest, daß verglichen mit dem Tafelbild hier auch noch von den Flammen die Rede ist und von den Farben, die benutzt werden sollen.

Die Farben Rot, Orange und Gelb für die Flammen sind einleuchtend, zu den Farben Schwarz und Grau allerdings muß auch die Anmerkung am unteren Rand mitgelesen werden. Das Arbeiten mit dem schwarzen Wachsstift mit unterschiedlichem Druck ist eine Technik, die bewußt und gezielt erst jetzt eingesetzt wird. Wenn früher der Stift nur leicht aufgedrückt worden war, dann sollte die entstehende Farbe doch Schwarz sein und war nur nicht ganz gelungen. Verschiedene Grautöne willentlich entstehen zu lassen, ist für fast alle Kinder dieses Alters eine neue Erfahrung. Einige übertragen diese Erkenntnis auch spontan auf den Umgang mit anderen Farben, beispielsweise mit dem Rot bei den Flammen.

In der praktischen Arbeit konzentrieren sich die Schüler zunächst auf den Drachen und die unterschiedlichen Grautöne. Dann erst werden die Flammen rundum gemalt.

Bei der anschließenden Besprechung stehen drei Leitgedanken im Mittelpunkt:

1. Wie ist der Drache gemalt? Hat er viele Grautöne und Schuppen und Muster? Ist er in Bewegung gemalt? Wirkt er gefährlich oder freundlich, gewaltig oder klein und hilflos?
2. Wie ist das Feuer gemalt? Flackert es wild oder glüht es ruhig? Züngeln kleine Flammen oder wirkt es wie eine heftige Explosion?
3. Wie passen die Flammen und der Drache zusammen? Tanzt er in den Flammen oder ruht er sich darin aus? Macht er das Feuer gar selbst? Springt er gerade hinein oder bewegt er sich in gleichem Rhythmus wie die Flammen? Sieht man, daß er sich im Feuer wohlfühlt?

Als Zwischenthema kann übrigens wieder ein kleines Zusatzblatt angeboten werden, bei dem es um einen bunten Drachen und seinen Traum geht.

Male dem kleinen Drachen viele bunte Schuppen. Erzähle, wovon der kleine Drache träumt.

Thema 18: # Bald ist Ostern (zu den Seiten 33 und 34)
a) Ein Osterhasenbild

Technik: **Malen mit Deckfarben**

Material: **Deckfarbkasten und Zubehör**
Arbeitsblatt S. 33/34

Lernziele:

Die Schüler sollen

- bisher erlernte Maltechniken anwenden;
- die formale Planung eines Themas selbständig in die Hand nehmen;
- zu den fertigen Bildern eine Geschichte erzählen.

Vorschläge für die Unterrichtsgestaltung

Vielleicht kennen die Kinder ein Osterhasenlied und singen es gemeinsam zu Beginn der Stunde; vielleicht haben sie im Lesebuch eine Osterhasengeschichte gelesen oder ein ganzes Hasenbuch, etwa die schöne nostalgische „Häschenschule" oder „Janosch's kleines Hasenbuch", wovon sie nun erzählen können. Da liegt es nahe, auch ein Bild zu dieser Thematik zu malen, ein „Osterhasenbild".

Dieses Thema steht an der Tafel, und die Schüler überlegen, was man alles auf solch ein Bild malen könnte. Da wären z.B. ein Osterhase, vielleicht auch mehrere, Farbtöpfe mit Pinseln, bunte Eier in Nestern oder im Gras und weiße Eier, der blaue Himmel mit weißen Wolken, die Frühlingssonne, eine grüne Wiese mit Frühlingsblumen und ein paar Schmetterlinge.

Diese Aufzählung wird an der Tafel festgehalten. Eventuell können einige wesentliche Punkte schon vorher angeschrieben worden sein, und nun werden sie nur noch ergänzt. Dann gehen wir gemeinsam Punkt für Punkt durch und überlegen, wie diese Dinge gemalt werden und was wir bei der farblichen Gestaltung besonders beachten müssen. Dabei fügen wir jeweils dem Text eine passende Skizze (möglichst von den Kindern selbst gezeichnet) und einen Hinweis zur Farbe hinzu, so daß das Tafelbild zum Schluß etwa so aussieht:

Nun können die Kinder wählen, welchen Schwerpunkt sie in ihrem Bild setzen wollen, welche Dinge wichtig sind und in die Mitte gesetzt werden und welche Dinge so klein und unwichtig sind, daß sie nur am Rand erscheinen.

Auch die technische Seite ist nun besprochen, und sie greift auf und wiederholt lauter Techniken, die die Kinder schon gelernt und erprobt haben: Die Brauntöne haben sie z.B. beim kleinen Holzgeist mischen gelernt; Grüntöne und Himmelblau bei der Tanne; die leuchtende Buntfarbigkeit haben sie beim Schloß ganz zu Anfang ausprobiert; deckendes Malen beim Herbstlaub und den Lebkuchenfiguren und den Umgang mit Deckweiß z.B. beim Frühlings- und Winterbaum. Aber auch wenn sie diese technischen Probleme alle schon einmal bearbeitet haben, müssen sie doch jedesmal, also auch hier, erinnert werden, denn bis die Kinder das Ziel „sicherer Umgang mit Deckfarben" erreicht haben, brauchen sie noch viel Übung.

Bei der praktischen Arbeit versucht jedes Kind, seine individuelle Vorstellung von einem Osterhasenbild zu realisieren. Vorsichtige, unterstützende Hilfen und Anregungen durch den Lehrer sind den Kindern meist willkommen. Es gibt aber auch Kinder, die ganz selbstbewußt auf ihrem eigenen Weg bestehen und die die Einwände von außen als störend empfinden. Diese Kinder haben den Begriff Kreativität durchaus richtig verstanden; man sollte sie unbedingt in ihrer Haltung bestätigen, vor allem was die Komposition oder den Bildinhalt betrifft.

Wenn alle Bilder fertig sind (für die schnell arbeitenden Kinder liegt wieder ein Zusatzthema bereit), werden sie – möglichst alle – an der Tafel oder an einer Ausstellungswand angeheftet, und jedes Kind erzählt eine ganz kurze Geschichte zu seinem Bild; eine Einsatzgeschichte genügt im Notfall auch schon.

Möglicherweise kann diese kleine Osterhasengeschichte auch aufgeschrieben werden und jeweils unter das Bild geheftet werden. Auf diese Weise entsteht eine „Osterhasen-Wandzeitung", eine Geschichtensammlung, die man, an der Wand entlangwandernd, lesen kann.

Vorschlag für ein Zusatzthema:

Male ein schönes, buntes Muster auf das Osterei. Erzähle, für wen dieses Ei ist.

Thema 19: **Bald ist Ostern** (zu Seite 33)

b) Ein kleiner Hase für den Ostertisch

Technik: **Formen mit Knete, Ton oder Modelliermasse**

Material: **Knetmasse oder Modelliermasse oder Ton**

Lernziele:

Die Schüler sollen

- sich mit der plastischen Gestalt eines Hasen auseinandersetzen;
- die Einzelteile zusammenfügen;
- sie technisch richtig verbinden;
- die Hasenfigur in eine bestimmte Bewegungsform bringen.

Vorschläge für die Unterrichtsgestaltung

Wenn die kleine Osterhasenplastik aus Knetmasse geformt wird, spielt der Termin für die Arbeit keine Rolle; sie kann am letzten Schultag vor den Osterferien stattfinden oder irgendwann sonst, weil die normale Knetmasse keinerlei Vor- oder Nachbereitung braucht. Leider ist sie auch nicht besonders haltbar, d.h. eigentlich nicht transportfähig. Die kleinen Osterhasen sind also nur ein Schmuck für den Ostertisch in der Schule; sie können nicht als Geschenk mit nach Hause genommen werden. Wenn die Osterhasen aber aus Ton oder aus selbsttrocknender Modelliermasse angefertigt werden sollen, dann muß der Termin sorgfältig geplant werden, weil die Zeit für das Trocknen und Brennen miteinkalkuliert werden muß.

Ähnlich wie wir es schon beim Formen der Hunde (Arbeitsbl. S. 6) getan haben, überlegen wir auch hier wieder, was alles zu diesem Tier dazugehört. Unser Hase braucht einen Bauch,

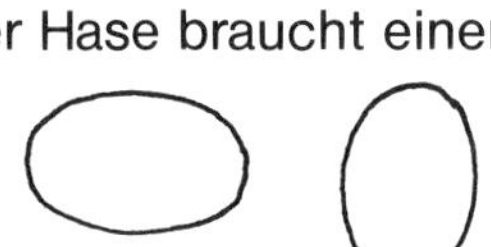

einen Kopf mit 2 langen Ohren,

zwei kurze Vorderbeine,

2 kräftigere, längere Hinterbeine

und ein Schwänzchen.

Während die Kinder diese Begriffe nennen, sollten vorne mit Demonstrationsmaterial all diese Teile entstehen und auch sofort aneinandergefügt werden. Dabei wird wieder darauf hingewiesen, wie wichtig gerade beim Arbeiten mit Ton das sorgfältige Verstreichen ist. Auf diese Weise entsteht während der Erarbeitung ein kleiner Hase. Nun nehmen wir das Arbeitsblatt S. 33 zur Hand, sehen die vier Hasenzeichnungen an und lesen den Text daneben, in dem die verschiedenen Möglichkeiten der Gestaltung angedeutet sind. Die praktische Arbeit kann nun beginnen.

Kinder, die ihren Osterhasen früher als die anderen fertig geformt haben, können noch ein kleines Osterhasenkind oder auch noch kleine Zusatzteile formen, z.B. ein paar Eier,

eine Osterhasenkiepe,

einen Korb

oder ein Nestchen für die Eier usw.

Nachdem die fertigen Figuren getrocknet sind, ist je nach Material noch eine nachträgliche Bemalung notwendig bzw. möglich, besonders bei naturfarbener, selbsttrocknender Modelliermasse. Osterhasen aus Ton wirken allerdings auch ohne Glasur sehr gut. Sollen sie aber glasiert werden, so empfiehlt sich ein vorsichtiges Tauchbad in einer weißen oder braunen Glasur, da ein differenziertes Bemalen dieser kleinen Figuren mit unterschiedlichen Glasuren die Kinder überfordern würde.

Thema 20: Das Versteck in der Wiese (zu den Seiten 35 und 36)

Technik: Malen mit Deckfarbe

Material: Deckfarbkasten und Zubehör; Arbeitsblatt S. 35/36

Lernziele:

Die Schüler sollen

- sich mit dem Problem des räumlichen „Hintereinanders" auseinandersetzen;
- Grautöne und erdige Steinfarben mischen;
- Grüntöne mischen;
- beim Malen der Wiese die Technik des Strichelns anwenden;
- eventuell Gräser differenziert malen;
- die Gesamtkomposition des Bildes kritisch überdenken und die Begriffe Vordergrund und Hintergrund kennen- und gebrauchenlernen.

Vorschläge für die Unterrichtsgestaltung

Der Unterricht beginnt mit der Erzählung vom kleinen Zwerg Goro, der schon seit langer Zeit durch die Welt wandert, um Abenteuer zu erleben. So kam er eines Abends auch in einen finsteren, wilden Wald mit alten, knorrigen Bäumen, mit Felsen und Höhlen. Weil es dunkel wurde, suchte er sich eine von diesen Höhlen aus und ging hinein, um dort zu schlafen. Aber wie staunte er, als er die Höhle betrat: ganz hinten in der Höhle brannte ein Licht! Vorsichtig ging er näher. Da sah er, daß dort eine Kerze leuchtete, die fast heruntergebrannt war. Neben der Kerze stand ein offener Sack voller Gold und Silber und Edelsteine. Verwundert starrte er den Schatz an und sah sich dann in der Höhle um. Aber er konnte niemanden entdecken. Da hörte er plötzlich von oben ein seltsames Piepsen. Er blickte an der Höhlenwand hinauf und sah einen kleinen Vogel, der auf einem Felsvorsprung saß. Mit seiner leisen Vogelstimme piepste er: „Was für ein Glück, daß du endlich kommst! Du hast dir wirklich viel Zeit genommen. Sieh nur, die Kerze ist fast heruntergebrannt." Der kleine Goro wollte einwenden, daß er doch gar nicht gewußt hatte, daß er erwartet wurde. Aber da piepste der Vogel schon wieder: „Und nun beeil dich! Wenn dich der wilde Bär hier findet, wird er auch dich verzaubern, so wie er mich verzaubert hat. Nimm den Schatz und lauf! Und hüte ihn gut, den Schatz! Der Bär darf ihn nicht finden!"

Und als der Vogel so gesprochen hatte, breitete er die Flügel aus und flog fort, tiefer in die Höhle hinein, so daß Goro ihn nicht mehr sehen konnte. Er schaute wieder auf den Schatz und sah, daß die Kerze schon zu flackern begann. Lange würde sie nicht mehr brennen. Also nahm er kurzentschlossen ein Band aus der Hosentasche und band den Sack mit all den Kostbarkeiten zu. Dann versuchte er ihn aufzuheben und machte sich auf einen beschwerlichen Weg gefaßt, denn der Sack war groß. Aber als er ihn anhob und auf seine Schulter legte, da staunte er, denn der Sack war ganz leicht und störte ihn nicht im geringsten beim Wandern. So machte er sich denn auf den Weg. Er wanderte die ganze Nacht hindurch durch den Wald und achtete immer sorgsam darauf, daß ihn der wilde Bär nicht erwischte. Aber der war nirgends zu sehen. Als am Morgen die Sonne aufging, lichtete sich der Wald, und der kleine Goro stand auf einer weiten, hellen Waldwiese. Und mitten auf dieser Wiese sah er ein paar dicke Steine, rechte Felsbrocken.

Sofort dachte er: Hier kann ich den Schatz verstekken und mich ein wenig ausruhen. – Und wie sich später herausstellte, hätte er sich kein besseres Versteck aussuchen können.

Dieses Versteck, die dicken Steine in der Wiese wollen wir malen. Die Schüler werden aufgefordert, einen dicken Stein auf die Seitentafel zu zeichnen, dann noch einen und noch einen. Je nachdem, mit welcher Größe das erste Kind begonnen hat, wird bald die Schwierigkeit auftauchen, daß nicht viele Steine nebeneinander passen. Also muß eine andere Möglichkeit gefunden werden.

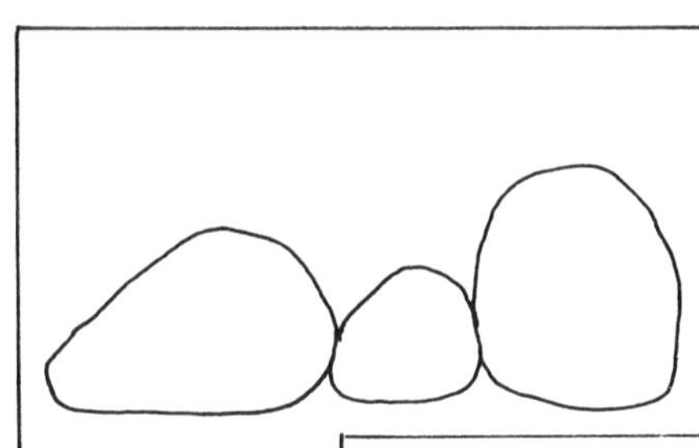

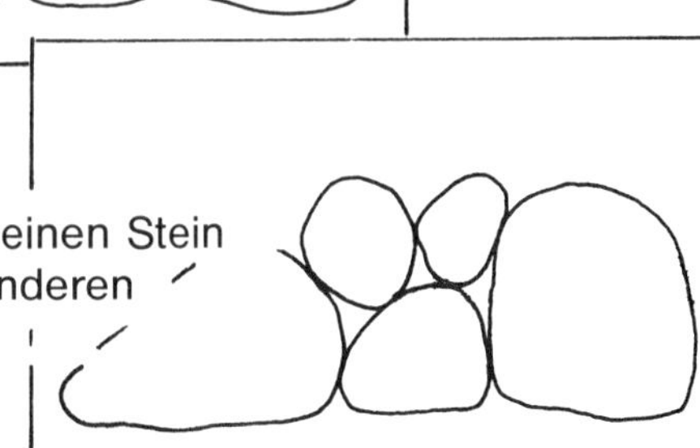

Man kann z.B. einen Stein oben auf die anderen zeichnen.

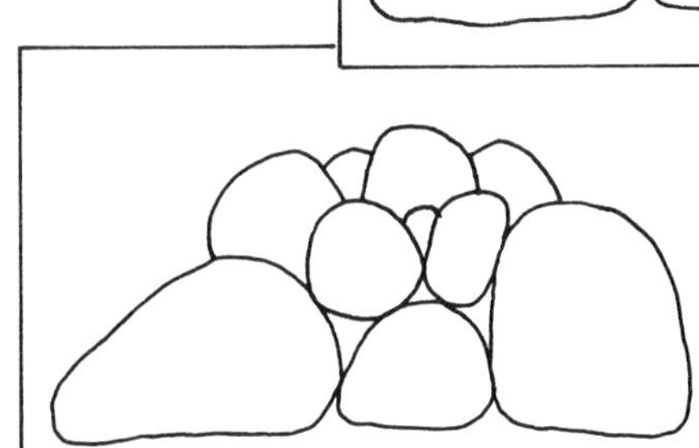

Aber wenn es dann immer noch mehr Steine werden sollen, muß irgendwann ein Stein h i n t e r die anderen gelegt werden. Damit ist das erste Problem dieser Aufgabe gelöst.

Die Schüler probieren es noch ein paarmal, und vielleicht kommt während dieser Versuche ein Schüler auf den Gedanken, daß genausogut noch ein paar kleine Steine vor die anderen Steine gemalt werden können, an der Tafel durch Auswischen zu realisieren, später beim Malen mit der Technik des dekkenden Malens.

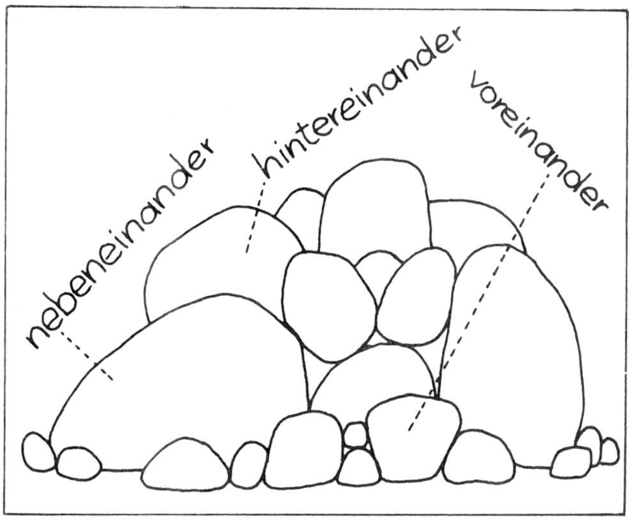

Die Farbe dieser dicken Steine ist Grau oder Graubraun, manchmal ganz dunkel, manchmal fast weiß, manchmal moosbewachsen und manchmal sogar rötlich schimmernd.

Diese sehr differenzierten Farben aber finden wir nicht in unserem Farbkasten, nicht einmal den Grundton Grau. Wir müssen die Farbtöne selbst herstellen, indem wir Schwarz und Weiß in den unterschiedlichsten Mischungsverhältnissen zu verschiedenen Grautönen kombinieren und außerdem zu diesem Grau noch ein wenig Blau oder Grün oder Braun dazumischen.

Dieser Arbeitshinweis findet sich auf dem Arbeitsblatt S. 36, das die Schüler nun erhalten und still lesen.

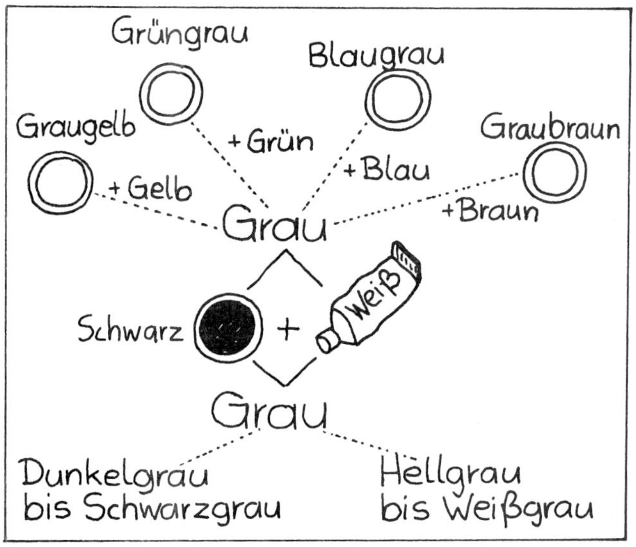

Auf diesem Arbeitsblatt ist aber nicht nur etwas über die Steine gesagt, sondern auch über die Wiese. Diesen Passus liest ein Schüler vor; hier handelt es sich mehr um ein Erinnern, denn Grüntöne haben die Kinder schon mehrfach ermischt.

Bevor die praktische Arbeit beginnt, betrachten die Schüler die Abbildungen und machen sich bewußt, wie die Wiesen gemalt wurden und wie die Steine hintereinander, voreinander und übereinander liegen. Während der praktischen Arbeit sollten die Schüler besonders darauf achten, dicht zu malen, d.h. weiße Stellen zu vermeiden, was durch Übermalen erreicht wird; nicht nur die Steine sind hinter- und übereinander angeordnet, auch bei den Grashalmen ist dieses räumliche Element zu beachten.

Bei der abschließenden Schlußbetrachtung sollte es vor allem um die Steine gehen; dabei stehen wieder die Punkte im Vordergrund, die bei der Vorbesprechung erarbeitet worden sind, außerdem die Überlegung: welches Versteck hätte Goro wohl am liebsten gewählt – und warum? Auch die Frage nach Vordergrund und Hintergrund, nach Räumlichkeit und Tiefenwirkung sollte bedacht werden. Wie schon bei den vorhergegangenen Themen sollte auch bei diesem Thema für besonders zügig arbeitende Kinder ein Blatt mit einem Zusatzthema bereitliegen, damit die langsamer und dabei vielleicht besonders sorgfältig arbeitenden Kinder genug Zeit und Ruhe haben, um ihre Arbeit zu beenden. (vgl. Zusatzmappe)

Male die Waldwiese voller bunter Blüten. Erzähle, wie der Bär auf die Wiese kam.

Thema 21: „Großes Rasenstück" von Albrecht Dürer (zu den Seiten 37 und 38)

Technik: **Bildbetrachtung und Gespräch**

Material: **Arbeitsblatt S. 37/38**

Lernziele:

Die Schüler sollen

- den Unterschied zwischen den von ihnen selbst gemalten Wiesen und dem von A. Dürer gemalten Rasenstück erkennen und formulieren;
- das räumliche Element in Dürers Bild feststellen und erklären, wie es gestaltet wurde;
- die verschiedenen Grüntöne benennen und ihre Wirkung erkennen;
- über den Titel nachdenken und darüber, ob und wie die Begriffe Vordergrund und Hintergrund hier anzuwenden sind.

Vorschläge für die Unterrichtsgestaltung

Einige ausgewählte Wiesenbilder der Kinder hängen vorn an der Tafel. Bei deren Betrachtung konzentrieren wir uns ganz auf die Gestaltung der Wiese, was selbstverständlich auch die Auswahlkriterien beeinfluß hat.

In einigen Bildern wirkt die Wiese eher gleichmäßig, wie kurzgeschnittener Rasen; in einigen ist sie differenzierter durch Hell-Dunkelwirkungen; hier scheint es Mulden und kleine Erhebungen zu geben; auf anderen ist die Länge des Grases unterschiedlich, vielleicht auch seine Lage und Bewegungsrichtung; und eventuell findet sich auch das eine oder andere Bild, auf dem man verschiedene Grassorten und andere Pflanzen erkennen kann. Auch der Umgang mit den Grüntönen wird noch einmal ins Bewußtsein gehoben, vor allem die Möglichkeit, hiermit Licht und Schatten und Vordergrund und Hintergrund anzudeuten.

Einige der bei dieser Besprechung erarbeiteten Begriffe werden dabei an die Tafel geschrieben, z.B.

Nun bekommen die Kinder das Arbeitsblatt S. 37 mit dem Druck von A. Dürers „großem Rasenstück". Falls ein Poster dieses Bildes zur Verfügung steht, kann auch gemeinsam an der Tafel gearbeitet werden. Die Kinder stellen sofort fest, daß der Maler hier auch eine Wiese gemalt hat, aber ganz anders als sie selbst. Woraus dieses „Anderssein" besteht, das gilt es nun herausfinden, und zwar anhand der Stichworte an der Tafel. Um dieses Vorhaben deutlich zu machen, schreibt der Lehrer neben die erste Überschrift „Die Wiese" nun noch eine zweite Überschrift „Das große Rasenstück". Wenn wir nun die Stichpunkte an der Tafel betrachten, so geht es zuerst einmal um Grashalme und Wiesenpflanzen, und da findet sich gleich der deutlichste Unterschied zwischen den Kinderbildern und dem Dürerbild: Während die Schüler das Gras aus einer weiter entfernten Sicht, eben als große Wiese, als Rasen gemalt haben, also den Gesamteindruck der kleinen Pflanzen dargestellt haben, hat A. Dürer ein kleineres Wiesenstück ausgewählt, ist ganz nah herangegangen und hat alles ganz genau gemalt, Halm für Halm, Blatt für Blatt und Blüte für Blüte. Man kann jede Pflanzenart ganz genau erkennen – die Schüler werden zumindest den Löwenzahn sofort nennen –, man könnte sogar die einzelnen Grashalme zählen.

Dieser Unterschied hat seinen Grund aber nicht nur in der Tatsache, daß Albrecht Dürer ein berühmter Maler war und die Kinder noch ganz junge Anfänger sind, es liegt auch ein bißchen daran, daß Dürers Thema nur dieses Stückchen Rasen war, während das Thema der Kinder die Steine waren und die umgebende Wiese erst an zweiter Stelle stand.

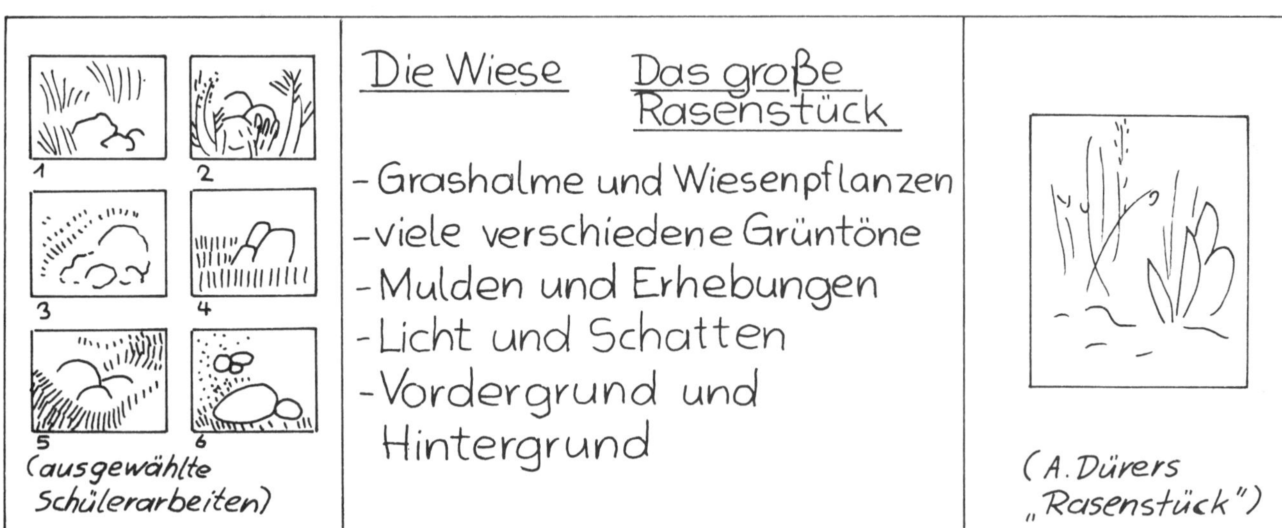

Aber wenden wir uns nun dem zweiten Stichpunkt zu: viele verschiedene Grüntöne. Auch Dürer hat viele Grüntöne benutzt, und er hat sie so ähnlich hergestellt wie wir, denn dieses Gemälde ist ein Aquarell (nur Deckweiß hat er nicht benutzt). Die Kinder benennen nun einige der Grüntöne im Bild, z.B. Hellgrün, Dunkelgrün, Grasgrün, Olivgrün, Gelbgrün, Blaßgrün ... und stellen bald fest, daß der Maler diese Farbtöne nicht willkürlich gesetzt hat, sondern ganz bewußt, um Höhen und Tiefen, Mulden und Erhebungen, Licht und Schatten anzudeuten. An einigen Beispielen können die Kinder dies besonders gut erkennen; sie sollten versuchen, dieses Phänomen zu verbalisieren, indem sie es ihren Mitschülern erklären.

Damit sind auch die beiden nächsten Stichpunkte geklärt, und es bleibt nur noch die Frage nach dem Vordergrund und Hintergrund; und das ist eine etwas irreführende Frage, denn einen eigentlichen Hintergrund gibt es gar nicht, höchstens als Andeutung von Himmel oder Luft. Das ganze Rasenstück aber steht deutlich im Vordergrund, es ist ein isoliertes Stück Natur, herausgehoben aus seiner Umgebung. Und das ist es im wahrsten Sinne des Wortes. Dürer hat nämlich dieses Stück Rasen tatsächlich ausgegraben und es im Atelier in Augenhöhe plaziert, um es dort in Ruhe malen zu können. Diese Tatsache erklärt auch das Wurzelwerk und die erdigen Farbtöne am unteren Bildrand.

Mit diesem Vorwissen läßt sich nun auch der Titel des Bildes leicht verstehen; es handelt sich tatsächlich um ein ausgegrenztes Stück Rasen, ausgegrenzt zu Studienzwecken.

Bei den Bildern der Kinder haben wir bei der Abschlußbetrachtung gefragt, wo der Zwerg Goro wohl ein gutes Versteck gefunden hätte. Zwar fehlen auf Dürers Bild die großen Steine, aber die Frage nach einem guten Versteck auch in diesem Wiesenbild leitet über zu der interpretierenden und weiterführenden Aufgabe auf der Rückseite dieses Blattes (S. 38), wo eine Skizze von Dürers Rasenstück begonnen ist und der darunterstehende Text zu einer verändernden Weiterarbeit auffordert.

Gleichzeitig ist hier ein gutes Ende des Märchens angedeutet, das zu Beginn der Arbeit am Bild mit den dicken Steinen erzählt worden ist. (Weshalb die Blumen zu blühen begannen? Die Wiese – und auch der Schatz werden wohl einer guten Fee gehört haben, die nun, wo der Schatz wieder auf ihrem Gebiet ist, endlich dafür sorgen kann, daß aller böser Zauber aufgehoben ist. Sogar der wilde Bär wird freundlich. Für den kleinen Vogel werden die Kinder leicht auch eine Entzauberung finden. Vielleicht ist es eine Prinzessin und Goro war auch nur in einen Zwerg verzaubert, in Wirklichkeit aber ein schöner, junger Prinz. In Märchen soll so etwas ja gelegentlich vorkommen.)

Die gleiche Thematik wird auch in dem Zusatzthema aufgegriffen, bei dem es um den Inhalt des Sackes geht. (Vgl. Mappe mit Kopiervorlagen)

Thema 22: Wettstreit zwischen Sonne und Wind (zu den Seiten 39 und 40)

– Ein Stabpuppenspiel –

Technik: **Deckfarbenmalerei**
Schneidearbeit

Material: **weißer Plakatkarton oder Papier,**
Deckfarbe und Zubehör oder Filzstifte,
Schere, Holzstäbchen, Klebeband,
evtl. Filz oder Stoff (für den Mantel)
Arbeitsblatt S. 39/40

Lernziele:

Die Schüler sollen

- die Geschichte hören und sich die Handlung bzw. die handelnden Personen vorstellen;
- die Geschichte lesen und die Bilder dazu betrachten;
- sich zu der besonderen Art der dargestellten Figuren äußern (Vermenschlichung, Stäbchen);
- überlegen, wie sie selbst solche Stabpuppen herstellen können;
- eigene Stabpuppen in zuvor gemeinsam festgelegter Größe herstellen;
- dabei die erlernten technischen Fertigkeiten im Umgang mit der Deckfarbe (dichter Farbauftrag, Mischfarbe) einsetzen und besonders beim Schneiden auf Sorgfalt achten;
- mit den Stabpuppen spielen.

Vorschläge für die Unterrichtsgestaltung

Der Lehrer erzählt zu Beginn der Stunde die Geschichte vom Wettstreit zwischen der Sonne und dem Wind, und zwar möglichst etwas ausführlicher und farbiger als dies bei dem Text auf dem Arbeitsblatt S. 40 möglich war. Die Kinder haben dabei die Aufgabe, sich die handelnden Personen zu merken und zu versuchen, die Handlung wie einen Film vor dem inneren Auge ablaufen zu lassen.

Anschließend berichten sie von diesen Vorstellungs-Eindrücken und vergleichen sie miteinander in Bezug auf die Schauplätze und die Mitwirkenden.

Dann werden die Namen all derer an die Tafel geschrieben, von denen in dieser Geschichte die Rede ist.

Wettstreit zwischen Sonne und Wind

der Wanderer
die Vögel
die Hasen
die Eichhörnchen
die Bäume
die Sonne
der Wind

Es schließen sich nun Überlegungen darüber an, wie man diese Geschichte als Theater spielen könnte. Die Kinder werden bald feststellen, daß ein gewöhnliches Theaterspiel, bei dem Kinder sich verkleiden und die einzelnen Rollen übernehmen, auf sehr große Schwierigkeiten stoßen würde und daß man sich deshalb eher für einen Zeichentrickfilm oder ein Schattenspiel oder ein Puppenspiel entscheiden sollte.

Nun erhalten die Schüler das Arbeitsblatt S. 40 und finden darauf eine besondere Form von Puppenspiel, nämlich ein Stabpuppenspiel. Sie lesen gemeinsam die Texte und betrachten die Bilder dazu. Sie können sich leicht vorstellen, wie man diese einfachen Stabpuppen führt und mit ihnen spielt. Auch die Herstellung solcher Figuren ist schnell verstanden. Die Erklärungen auf dem Arbeitsblatt S. 39 helfen dabei. Aber bevor die praktische Arbeit beginnt, muß noch geklärt werden, zu welchem Zweck das Stabpuppenspiel gearbeitet werden soll.

Vielleicht soll jedes Kind für sich ein kleines Stabpuppentheater machen, mit dem es dann zuhause allein oder mit Freunden oder Geschwistern spielen kann; dann müssen die Figuren entsprechend klein sein, etwa in der Art wie das angeheftete Musterblatt. Als Material eignen sich hier am besten Filzstifte oder Holzbuntstifte. Vielleicht steht aber auch in Kürze ein Klassen- oder Schulfest bevor, bei dem ein solches Stabpuppenspiel – nun natürlich in viel größerem Maßstab – aufgeführt werden könnte. In diesem Falle bietet sich ein fächerübergreifendes Arbeiten an:

im Sprachunterricht werden die Dialoge erarbeitet,

im Musikunterricht die passenden Lieder zu den einzelnen Szenen ausgesucht und geübt, und im Kunstunterricht werden die verschiedenen Figuren gemalt, ausgeschnitten und mit Stäben versehen.

Dabei werden die Arbeiten so verteilt, daß jedes Kind eine spezielle Aufgabe erhält, mit unterschiedlichem Schwierigkeitsgrad zwar, aber jede gleich wichtig:

es können mehr als nur ein oder zwei Vögel, Hasen oder Eichhörnchen gemalt werden, mehrere Bäume, einige Wolken, die den Wind begleiten; es können auch einige Kinder sich den Kulissen widmen

und z.B. eine schöne Gebirgslandschaft oder einen Wald oder Felder oder einen See malen; auch ein Wiesenstreifen mit vielen bunten Blumen im Vordergrund kann gestaltet werden. Wichtig bei einer solchen Aufgabe ist es, daß alle Kinder beteiligt sind.

Wiesenstreifen im Vordergrund

Bei dieser Art von Gemeinschaftsarbeit muß das Material (genügend Bögen Plakatkarton) bereitliegen, und auch die Größe der einzelnen Figuren muß in etwa angegeben sein, damit ein gemeinsamens Spiel möglich wird. Die Kinder malen nun ihre Figur und schneiden sie nach dem Trocknen aus. Dann kleben sie die Stäbchen mit Paketklebeband oder mit Kreppklebeband an der Rückseite auf. Nachdem dann auch die Kulisse fertig aufgebaut ist, kann das Spiel beginnen. Als Bühne eignet sich übrigens gut ein Türrahmen, der in der Höhe der Kinder mit einer

Decke bespannt ist. Möchte man eine breitere Bühne haben, schafft man sie sich leicht mit 2 Kartenständern, in die ein langer Stab geklemmt wird. Farbige Bettücher werden an den Seiten als Vorhang drapiert, und das Kulissenbild wird an der Wandtafel dahinter befestigt (oder mit Kreide direkt an die Tafel gemalt).

Zwischen der Tafel mit dem Bühnenbild und der Bühnenfront muß genügend Platz sein, damit die Spieler sich dort ungehindert bewegen können.

Vorschlag für ein Zwischen- bzw. Zusatzthema, mit dem sich die Schüler beschäftigen können, die ihre Aufgabe beim Hauptthema bereits bewältigt haben.

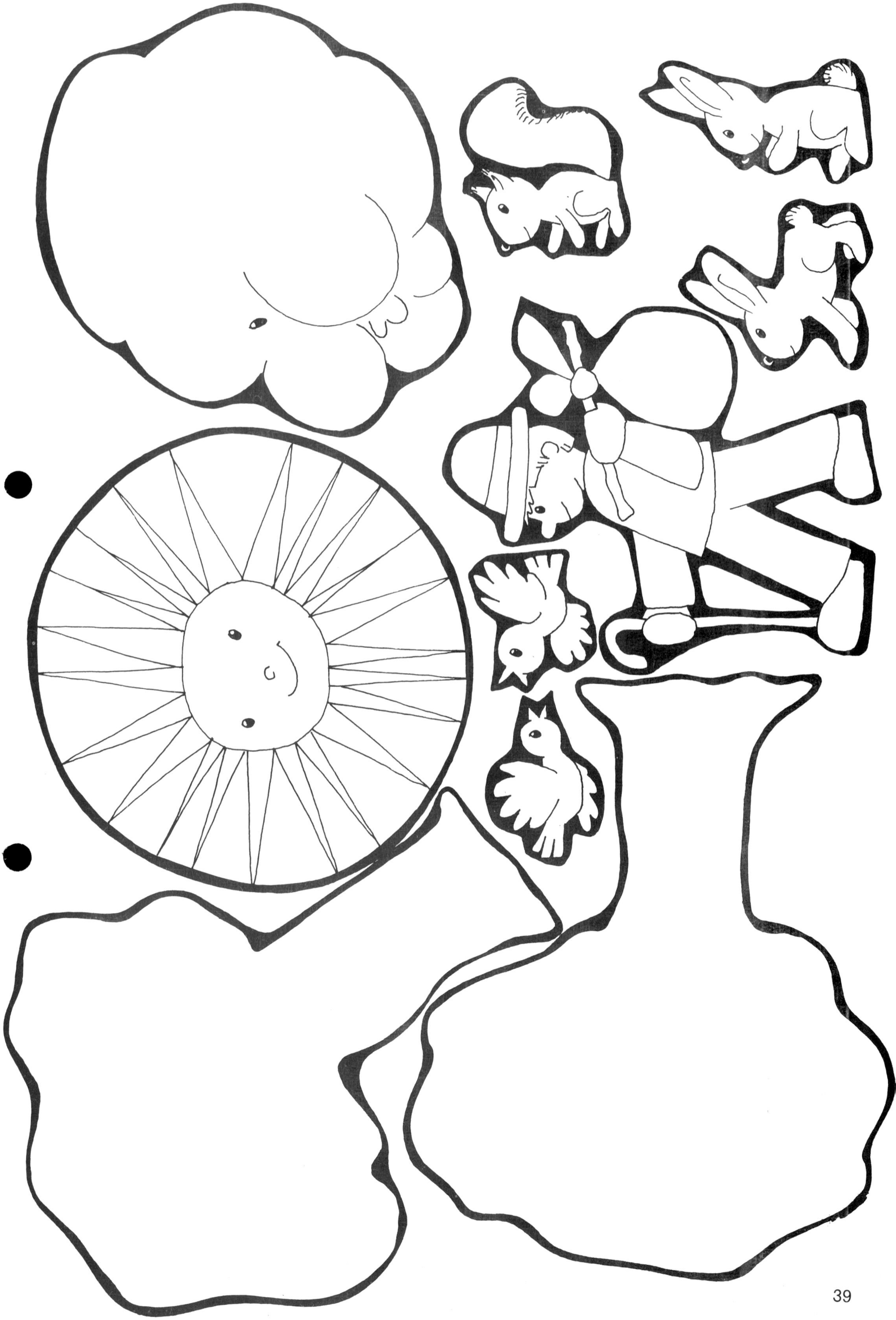

Thema 23: **Ganz besondere Uhren** (zu den Seiten 41 und 42)

Technik: **Malen mit Deckfarbe / Schneiden**

Material: **Deckfarbe und Zubehör**
(oder auch Filzstifte oder Holzbuntstifte)
2 Pappstreifen für die Zeiger
1 Briefklammer
Arbeitsblatt S. 41/42

Lernziele:

Die Schüler sollen

- ihre Vorkenntnisse über die unterschiedliche äußere Gestaltung von Uhren einbringen und sie mit der Abbildung auf dem Arbeitsblatt S. 41 oben vergleichen;
- die hier abgebildete Uhr genau betrachten;
- versuchen, die Figuren und Formen und Verzierungen zu benennen;
- überlegen, weshalb die Menschen früher eine Uhr so kostbar verzierten, während unsere modernen Uhren meist ganz schlicht sind;
- sich selbst eine Uhr machen;
- dabei das Zifferblatt nach eigenen Vorstellungen bemalen;
- die Zahlen richtig eintragen;
- die Zeiger ausschneiden, lochen und mit einer Briefklammer befestigen.

Vorschläge für die Unterrichtsgestaltung

Am Beginn des Unterrichts könnte das Lied von den großen und kleinen Uhren stehen oder die Geschichte von einer Uhr.

Anschließend erzählen die Kinder, wo überall sie schon Uhren gesehen haben und wie die ausgesehen haben. Dabei wird sich bald herausstellen, daß alte Uhren z.B. eine Standuhr bei den Großeltern oder eine alte Rathaus- oder Schloßuhr schön verziert sind. Auf dem Arbeitsblatt betrachten wir nun ganz genau eine alte Uhr.

Die Schüler zählen alles auf, was sie erkennen können, den dreigeteilten, ausladenden Sockel auf den goldenen Füßen, das breite Schmuckband an diesem Sockel, die beiden Amphoren rechts und links mit goldenen Blättern und Blüten gefüllt, die Säulen, um die sich goldenes Blattwerk rankt, den dazwischen auf einem Stein friedlich schlafenden goldenen Engel usw.

Dieses Benennen und Beschreiben ist eine Arbeitstechnik, die den Kindern sicher nicht ganz leicht fallen wird, die aber eine wichtige Voraussetzung für spätere Objektbetrachtungen ist. Nebenbei fließt hier auch eine Aufgabe des Sprachunterrichts mit ein, die Aktivierung und Erweiterung des Wortschatzes.

Bei dieser Aneinanderreihung von Beobachtungen wird deutlich, daß es sich hier nicht um einen bestimmten Inhalt sondern einfach um Schmuck handelt. Die Kostbarkeit der Uhr sollte durch die Accessoires und das Material hervorgehoben werden.

Da Uhren zur damaligen Zeit selten waren und teuer, da nur wohlhabende Leute sich eine Uhr leisten konnten und dann auch wirklich nur e i n e für die ganze Familie, war sie eine Besonderheit im Haus, ein Gegenstand, auf den man stolz sein konnte, und deshalb wurde er entsprechend geschmückt.

Die Aufforderung, selbst auch eine Uhr zu bemalen, schließt sich an die Betrachtung der alten Uhr an. Die drei auf dem Arbeitsblatt abgebildeten Beispiele zeigen verschiedene Möglichkeiten. Die Schüler werden feststellen, daß im Unterschied zur alten Uhr hier auch die Ziffernblätter mit in die Gestaltung einbezogen sind und daß dafür weniger Platz darüber und darunter zur Verfügung steht. Auch die Feststellung, daß es sich bei der alten Uhr um eine plastische, bei den Kinderuhren um flächige Gestaltungen handelt, werden die Kinder machen. Den drei vorgestellten Beispielen können die Schüler noch viele eigene Vorschläge hinzufügen.

Je nachdem nun, wie kleinteilig oder wie großflächig die Gestaltungen der Kinder ausfallen, werden als Material der Farbkasten mit dem relativ breiten Borstenpinsel oder die für differenziertere Formen geeigneten Filz- oder Holzbuntstifte gewählt.

Hier noch einige Anregungen:

Nach der Fertigstellung der Bilder werden die Uhrzeiger ausgeschnitten, gelockt und mit einer Briefklammer in der Mitte der Uhr befestigt.

Nun kann diese Uhr den Kindern helfen, die Uhrzeit richtig lesen zu lernen.

Falls Kinder früher mit ihrer Arbeit fertig sind, können sie als Zusatzthema die „Schneckenuhr" malen. (vgl. Kopiervorlagen)

Thema 24: Tobias, der kleine Bäcker (zu den Seiten 43 und 44)

Technik: **Malen mit Deckfarben**

Material: **Deckfarbkasten und Zubehör**
(Achtung: Deckweiß nicht vergessen!)
Arbeitsblatt S. 43/44

Lernziele:

Die Schüler sollen

- das Schema für die menschliche Gestalt differenzieren;
- die Besonderheiten der Berufsbekleidung eines Bäckers wiedergeben;
- Weiß als Farbe einsetzen;
- Grautöne mischen;
- sich an den formalen Aufbau einer Mauer (Steine im Verbund!) erinnern;
- die eindimensionale Standlinie durch eine Bodenfläche ersetzen;
- sich sachlich und kritisch über die eigenen Bilder und die der Mitschüler äußern.

Vorschläge für die Unterrichtsgestaltung

Vielleicht steht das Thema „Backen, Bäcker, Bäckerei" auf dem Plan des Sachunterrichts; vielleicht haben die Kinder bei einem Unterrichtsgang eine Bäckerei kennengelernt und einen „echten" Bäcker gesehen; vielleicht haben sie einen Film über das Backen und die Bäcker gesehen usw. Auf irgendeine Weise haben jedenfalls sicher die meisten Kinder eine ziemlich genaue Vorstellung von einem Bäcker, so daß das an die Tafel geschriebene Thema von den Kindern leicht mit Inhalt gefüllt werden kann. Sie überlegen, wer Tobias wohl sein könnte, weshalb er wohl ein „kleiner" Bäcker ist (vielleicht ist er klein gewachsen oder gar ein Zwerg, vielleicht ist er nur einfach noch sehr jung?).

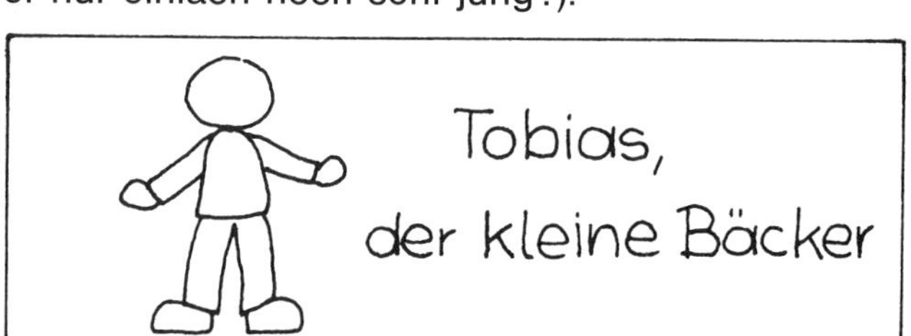

Sie beantworten dann die Frage: Wie sieht er aus? Sie tun das, indem sie an der Tafel all die Attribute aufschreiben, an denen man einen Bäcker erkennen kann:

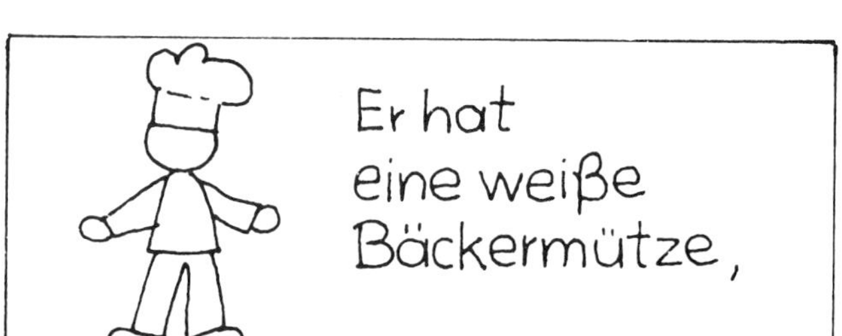

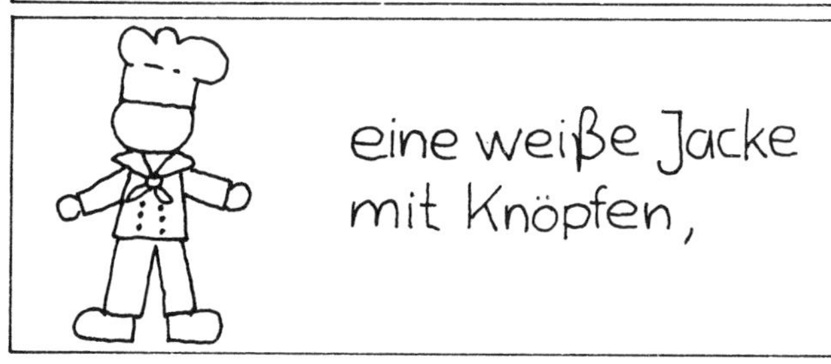

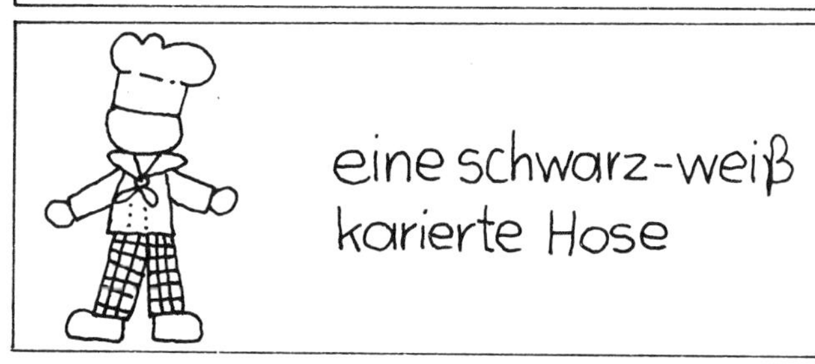

Dann betrachten die Kinder die Abbildungen auf dem Arbeitsblatt S. 44 und wissen nun auch die Antwort auf die Frage: Wo steht er? Er steht auf einer Straße, einem Gehweg oder einem Platz vor einer Mauer mit grauen Steinen. Die Kinder erinnern sich, daß sie schon einmal eine Backsteinmauer gemalt haben. Sie wissen noch, wie die Steine aufeinandergesetzt werden müssen, damit die Mauer hält, und sie erkennen sicher, daß bei einem der drei Bildbeispiele diese Regel nicht eingehalten wurde. (Vielleicht sollte dies eine gekachelte Wand sein?)

Bevor mit dem Malen begonnen werden kann, sollte die Reihenfolge der Teilarbeiten festgelegt werden: Wir malen 1. den Bäcker, 2. die Straße und 3. die Mauer.

Der kleine Bäcker ist die Hauptperson, darum muß er groß gemalt werden. Die weißen Kleidungsstücke werden mit Deckweiß gemalt, nicht etwa nur als Negativflächen freigehalten.

Für das schwarz-weiße Karo der Hose muß eine Technik gefunden werden, z.B. eine weiße Fläche mit schwarzen Strichen überkreuzen

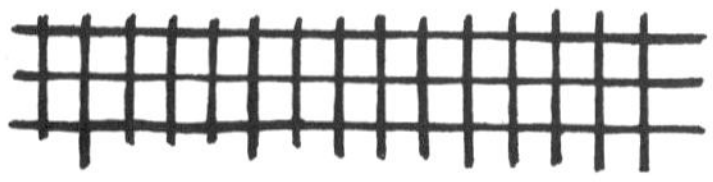

oder
eine schwarze Fläche kreuzweise mit weißen Strichen versehen

oder
das Karo mit Bleistift vorzeichnen und die Rechtecke abwechselnd schwarz und weiß ausmalen

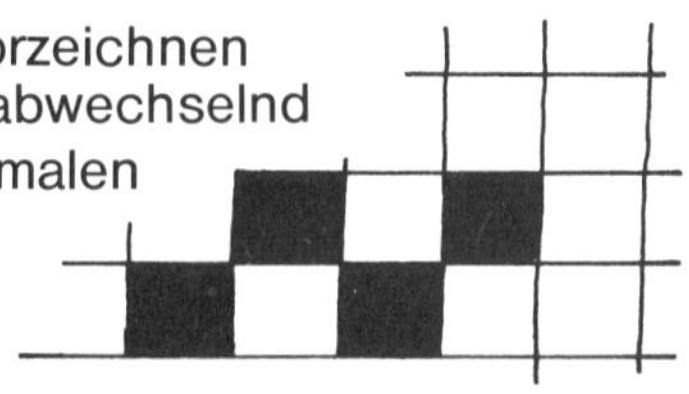

oder
kleine schwarze, rechteckige Flächen mit der Breitseite des Pinsels „über Eck" anordnen

Das Malen der Hände gelingt den Kindern oft recht unterschiedlich. Eine Hilfe für ein bewußtes Gestalten der Hände ist der Hinweis auf den „runden" Handteller, von dem aus sowohl der Daumen als auch die 4 Finger abzweigen:

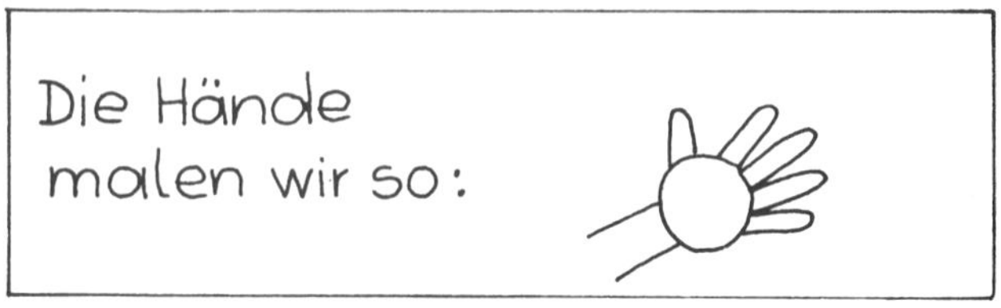

Die Straße wird als Asphaltfläche grau gemalt; das Wissen um die Möglichkeit des Mischens von Grau aus Schwarz und Weiß sollte auf jeden Fall nochmals abgerufen werden.

Auch für die Steine ist diese Erinnerung wichtig, wobei nun auch noch die Differenzierung in helle und dunkle Grautöne hinzukommt.

Durch das Malen der eckigen Steine ist sicherlich die weiße Kleidung des Bäckers beschädigt worden. Mit ein wenig Deckweiß können die Ränder nachträglich wieder geglättet werden.

Die Ergebnisse dieser Teilbesprechungen sollten jeweils an der Tafel skizzenhaft oder/und in Stichworten festgehalten werden, so daß die Tafelanschrift schließlich etwa so aussehen wird:

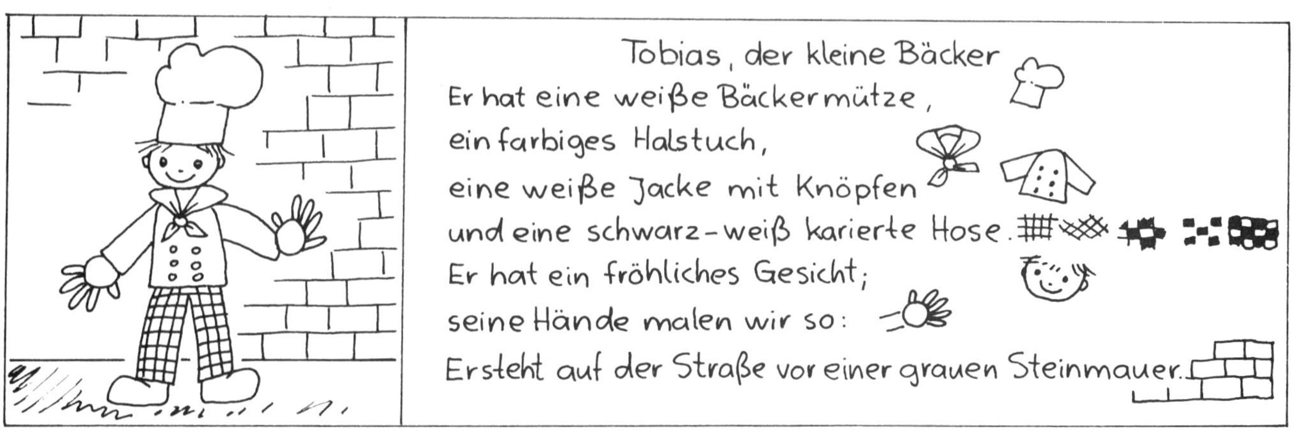

Wenn der Bäcker trotz der Vorüberlegung, daß er als Hauptperson groß gemalt werden sollte, doch etwas kleiner geraten ist, kann wahlweise eines der auf dem Arbeitsblatt genannten Zusatzteile gemalt werden.

Bei der abschließenden Besprechung sollten u.a. folgende Gesichtspunkte berücksichtigt werden: Grautöne bei den Steinen; Straße als Standfläche erkennbar; Lösung des Karo-Problems bei der Hose; Hände; und sieht man, daß Tobias froh ist?

Auch bei diesem Thema kann wieder für die schneller arbeitenden Schüler ein Zusatzthema angeboten werden. (vgl. Kopiervorlagen)

Thema 25: Löwenzahn, Löwenzahn (zu den Seiten 45 und 46)

Technik: **Malen mit Deckfarbe**

Material: **Deckfarbkasten mit Zubehör**
Löwenzahnpflanze
Arbeitsblatt S. 45/46

Lernziele:

Die Schüler sollen

- eine Löwenzahnpflanze genau betrachten;
- ihre Einzelteile benennen;
- die ästhetischen Eigenschaften dieser Blume erkennen und zu verbalisieren versuchen;
- die Farbnuancen erkennen, die durch Lichteinfall und Schatten entstehen;
- eine Löwenzahnpflanze malen und dabei die formalen und farblichen Eigenheiten der Blume beachten;
- den Hintergrund des Bildes bewußt gestalten;
- die fertigen Bilder betrachten und auf ihre Wirkung hin zu interpretieren versuchen.

Vorschläge für die Unterrichtsgestaltung

Es müßte möglich sein, in der Nähe einer jeden Schule irgendwo eine Löwenzahnpflanze aufzutreiben. Die Schüler betrachten die Blume möglichst noch an ihrem Standort; wenn dies nicht möglich ist, sollte sie mit einem Teil ihrer direkten Umgebung ausgegraben werden. Nun benennen die Kinder die Einzelteile des Löwenzahns: den dicken, hellgrünen Stiel, die breiten gezahnten Blätter, von denen die Pflanze ihren Namen hat und vor allem die dicke goldgelbe Blüte mit ihrer Unzahl von übereinanderliegenden Blütenblättern. Die Betrachtung einer Pflanze während des Kunstunterrichts unterscheidet sich von einer solchen Betrachtung im Biologie- bzw. Sachunterricht. Für den Kunstunterricht sind nicht die Wachstumsbedingungen des Löwenzahns, die Art der Fortpflanzung oder ähnliches wichtig, sondern die ästhetische Bedeutung dieser Pflanze, ihre farblichen Qualitäten, ihr Zusammenspiel mit den Farben der Umgebung, ihre formale und ihre emotionale Wirkung und bei all dem die Überlegung, wie diese Pflanze möglichst wirkungsvoll „ins Bild gesetzt" werden kann. Also ist es nicht genug, zu sehen, daß der Stiel und die Blätter grün und die Blüte gelb sind. Die Schüler sollten auch erkennen, wie sich die Farben im Licht und im Schatten verändern, wie die Blüte durch die Anordnung ihrer Blütenblätter von innen heraus strahlt, wie sonnig und warm ihre Farbnuancen wirken, wie die grünen Blätter den Eindruck von schützenden Wächtern vermitteln, wie die leichte Biegung des Stiels das Gefühl von Bewegung vermittelt usw. Zumindest ansatzweise sollten auch jüngere Schüler schon dazu geführt werden, Wirkungen zu entdecken und zu verbalisieren.

Die Tafelanschrift, die während dieses einführenden Unterrichtsgesprächs oder, falls dieses draußen auf der Wiese vor der Schule stattgefunden hat, nachher entsteht, könnte etwa so aussehen:

Löwenzahn, Löwenzahn!

Pflanzenteil	Form	Farbe	Wirkung
Blätter	gezahnt, groß etwas gebogen	von hellgrün bis dunkelgrün	stark, schützend, bewaffnet, kräftig,
Stiel	dick, etwas gebogen	hellgrün (im Schatten dunkel)	leicht, bewegt
Blüte	rund, aus vielen Einzelblättern von der Mitte ausgehend	gelb in vielen Abstufungen	sonnig, warm, hell, freundlich, strahlend

Die Schüler malen nun die Löwenzahnpflanze und konzentrieren sich dabei ganz auf die besprochenen Überlegungen zu Form, Farbe und Wirkung. Erst im Anschluß daran überlegen sie, wie sie den Bildgrund gestalten wollen, ob sie das Gras, bzw. die Gräser rundum malen wollen, die von der Sonne beschienene Wiese oder ob sie den hellen, sommerlichen Himmel als Hintergrund wählen wollen oder vielleicht auch beides, Wiese und Himmel. Es ist wichtig, auch bei der Hintergrundgestaltung Sorgfalt walten zu lassen und auf eine differenzierte Farbwahl zu achten.

Wenn schließlich die Bilder fertig sind und die schnell arbeitenden Schüler vielleicht auch schon ein Zwischenthema (wie z.B. die Schmetterlinge auf der Löwenzahnwiese – s. Anhang –) bearbeitet haben, werden einige der Schülerarbeiten für eine Besprechung zusammengestellt. Es soll bei dieser Bildbetrachtung festgestellt werden, wie die einzelnen Schüler mit den Farben umgegangen sind, ob Licht- und Schattenwirkungen entstanden sind und vor allem, welche Wirkung die Bilder auf uns haben, ob das Strahlen besonders deutlich wird oder die leichte Bewegung im Wind, die goldene Kostbarkeit, die sonnige Wärme oder die Eingebundenheit in die Sommerwiese.

Auf jeden Fall werden die Kinder feststellen, daß zwischen ihrem Bild und der „echten" Pflanze ein großer Unterschied besteht; und mit dieser Feststellung haben die Schüler ein wenig von der Macht des Künstlers entdeckt, Realität zu verändern und neue Realitäten zu schaffen.

Thema 26: **Mein Ferienboot**

Technik: **Malen mit Deckfarbe**
Faltarbeit

Material: **Deckfarbkasten und Zubehör,**
weißes Papier DIN A 5, Filzstifte
1 Streifen schwarzes Tonpapier und Papier für die Fahne
Arbeitsblatt S. 47/48

Lernziele:

Die Schüler sollen

- in ihrer Vorstellung ein Bild von Wasser, Strand und Wiese entstehen lassen;
- überlegen, wie man die Bildfläche einteilen muß, damit alle drei Elemente Platz haben;
- das Traum-Strandbild malen;
- dabei in linearen Schwüngen arbeiten und die Technik des Tupfens und des Strichelns verwenden;
- Farbdifferenzierungen im Bereich von Blau, Gelb und Grün finden;
- ein einfaches Boot nach Anweisung falten;
- das Boot nach eigenen Wünschen farbig (mit Filzstiften) gestalten;
- das Boot mit einer farbigen Fahne versehen;
- das Boot an einer geeigneten Stelle in das Bild einkleben.

Vorschläge für die Unterrichtsgestaltung

Vor den Sommerferien sind die Kinder oft mit den Gedanken nur noch halb in der Schule. Sie träumen schon längst von dem, was in den Ferien auf sie wartet. Würde man diese Träume konsequent aufgreifen und die Kinder auffordern, diese Inhalte zu malen, entstünden sicher sehr undifferenzierte Bilder, weil die Vorfreude noch relativ abstrakt und gestaltlos ist. Die Kinder wissen noch nicht genau, welche Farben und Formen auf sie warten.

Da aber Wiese, Strand und vor allem Wasser Elemente sind, die zu vielen Kinder-Ferienträumen gehören und dabei in der Vorstellung der Kinder sehr konkret besetzt sind, einigen wir uns auf dieses Thema, zumal die formalen Anforderungen von den Schülern leicht zu bewältigen sind, ohne daß Inhalt und Aussagekraft des Bildes leiden müßten.

Um das Bild zuerst einmal vor dem inneren Auge entstehen zu lassen, ist es hilfreich, wenn die Kinder die Augen schließen und „in Gedanken malen", zuerst das Wasser, das tiefe Wasser mit seinen vielen Wellen, die erst noch kräftig und stark sind, dann aber zum Strand hin immer schwächer und glatter werden;

und dann den Strand mit all seinem Sand, Körnchen für Körnchen, Pünktchen für Pünktchen, vielleicht auch Stein für Stein oder Muschel für Muschel, glänzend und glitzernd in der Sonne, an anderen Stellen dunkler werdend, in Vertiefungen oder im Schatten liegend;

und schließlich dann die Wiese mit ihren vielen Grashalmen, vielleicht ein kurzer Rasen, vielleicht ein Stück Gras, das noch mit Sand vermischt ist, vielleicht hohe Halme oder gar Schilf, vielleicht auch wild wucherndes dichtes Gras usw.

Die drei wichtigsten Worte „Wasser, Sand, Gras" werden an die Tafel geschrieben. Dann setzt der Lehrer das Thema des Bildes darüber, und die Kinder erkennen, daß in ihrem vorgestellten Bild noch etwas Wichtiges fehlt, nämlich das Boot, ein Boot, das gefalten und bunt bemalt werden soll. Es wäre gut, wenn ein Muster-Ferienboot gezeigt werden könnte, damit die Kinder genau wissen, was sie bei der Bildkomposition beachten müssen. Diese nämlich gilt es nun zu durchdenken.

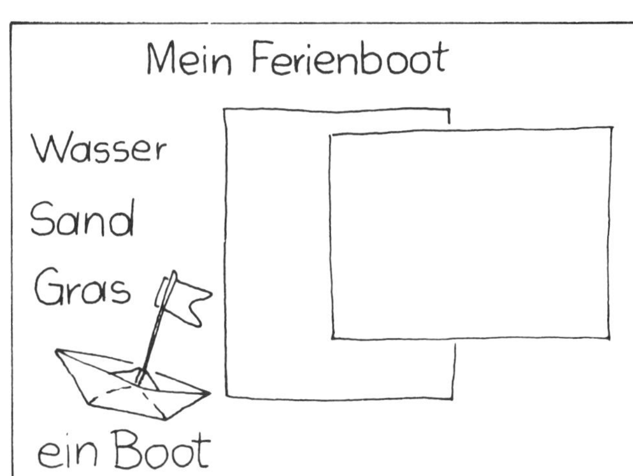

Die Schüler überlegen, wie sie die drei Bildabschnitte am besten auf der Bildfläche unterbringen, ob hochformatig oder querformatig, ob das Wasser oder ob die Wiese unten am Blattrand erscheinen soll, ob die Fläche genau gedrittelt werden soll oder ob eines der Elemente mehr Platz benötigt als die anderen. Die von den Schülern vorgeschlagenen Kompositionsmöglichkeiten sollten an der Tafel skizziert werden, und jedesmal sollte das Boot anschließend eingefügt werden. Dabei werden die Kinder bald feststellen, daß im Prinzip immer die gleiche Bildgliederung entsteht, daß in den meisten Fällen das Wasser den größten Platz einnimmt und daß bei einer hochformatigen Anlage mehr Variationsmöglichkeiten für die Stellung des Bootes bleiben.

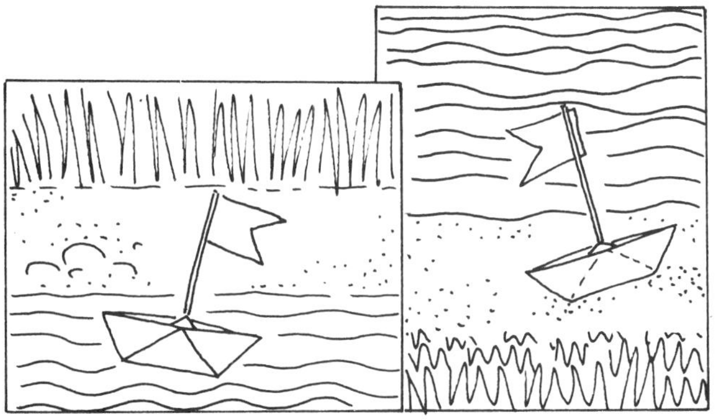

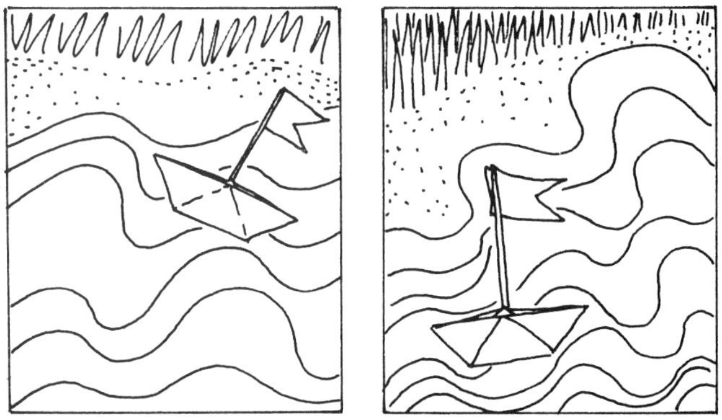

Nun erhalten die Schüler das Arbeitsblatt S. 48. Sie lesen den Text und betrachten die Bilder. Dabei sehen sie, wie differenziert die Farbe des Wassers gemalt worden ist, wie tief und kalt das Wasser durch die Mischung der Blau- und Grüntöne erscheint, wie bewegt es durch die Wellenlinien in den verschiedenen Stärken wirkt; sie sehen, wie unterschiedlich der Sand gemalt worden ist, in leicht unterschiedlichen Tönen getupft, mit „Steinen" oder „Muscheln" bedeckt; und sie erkennen auch die verschiedenen Möglichkeiten, die Wiese zu malen, gestrichelt, kurz geschoren, wild bewegt oder linear.

Vor und bei der praktischen Arbeit mit den Deckfarben müssen immer wieder die grundlegenden technischen und bildnerischen Prinzipien in Erinnerung gerufen werden: wenig Wasser, aber viel Farbe; die Farbe gut anrühren; immer wieder mischen; dicht malen, d.h. keine weißen Flecken lassen; Deckweiß benutzen; daran denken, daß man übermalen kann; nicht unbedingt nach dem ersten Anlauf zufrieden sein, sondern Verbesserungen einbringen und unschöne Stellen überarbeiten!

Nachdem die Bildfläche mit Wasser, Sand und Wiese zufriedenstellend gefüllt ist, wird das Schiffchen gefalten und anschließend mit Filzstiften nach eigener Vorstellung bunt gemalt. Auch die Fahne erhält ein farbiges Muster. Schließlich wird es mit der Rückseite auf das inzwischen getrocknete Bild geklebt.

Nachdem alle Kinder ihre Arbeit beendet haben (schnell arbeitende Schüler haben sich zwischendurch mit einem Zusatzthema befaßt), betrachten wir gemeinsam die fertigen Ergebnisse und überlegen, ob die Bilder vielleicht ein wenig erraten lassen über die Umgebung und die Situation dieses Landschaftsausschnittes. Wo ist es windig? Wo ist das Wasser tief und gefährlich? Wo scheint die Sonne? Wo könnten Palmen in der Nähe stehen? Wo werden sich Dünen anschließen? Handelt es sich um einen kleinen See oder um das große, weite Meer? Ist der Strand vielleicht ein Inselstrand oder lassen sich Felsen und Berge in der Nähe vermuten?

Solche und ähnliche Fragen helfen den Schülern, tiefer in ein Bild hineinzusehen und etwas von der Wirkung der Farben und Formen zu erfahren.

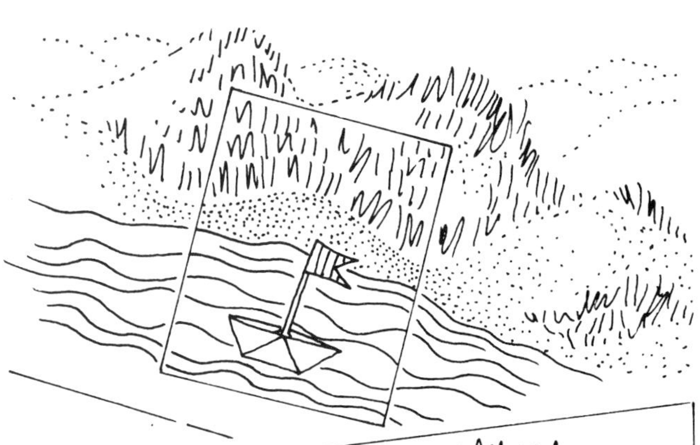

Vorschläge für Texte zu den angebotenen Zusatzthemen:

Male die Blumen im Garten der Prinzessin.

Das Lieblingsbeet der Prinzessin Tausendschön

Die kleine Prinzessin Tausendschön hatte im Park ein eigenes Beet mit wunderschönen Blumen.
Eines Tages schenkte ihr eine gute Fee ein kleines Samenkorn.
Daraus wuchs eine Rose, so bunt und schön wie keine andere Blume. Es war eine Zauberrose.

Mach aus den Buchstaben bunte Figuren.

Als die Buchstaben lebendig wurden

Um Mitternacht wurden alle Buchstaben wach.
Das A rief: „Kommt, wir wandern aus nach Afrika!"
„Nein, nach Berlin", rief das B. Das C rief: „Lieber nach China!"
„Oder nach Dänemark", rief da das D.
Sie konnten sich nicht einigen. So blieben sie da.

Male, wovon Waldi träumt.

Ein Traumhaus für Waldi

Waldi träumt jeden Tag von einer schönen Hütte. Da kommt eines Tages der Vater mit Holz und mit einer Säge und mit einem Hammer und mit Nägeln.
Er mißt und sägt und hämmert und nagelt, und bald steht da eine wunderschöne Hundehütte für Waldi.

Male das Raumschiff, das zur Sonne fliegt.

Unser Raumschiff »Supersolaris«

Unser Raumschiff saust durch das All.
Es fliegt am Mond vorbei und begegnet einem Kometen.
Es rast wie der Blitz über die Milchstraße und gerät in einen dichten Sternennebel.
Aber schließlich kommt es doch noch zur Sonne.

Male das bunte Herbstlaub.

Das gelbe Blättermännchen im bunten Herbstlaub

Das kleine, gelbe Blättermännchen stapft durch die bunten Blätter auf dem Waldboden.
Es schaut nach links.
Es schaut nach rechts.
Auf einmal lacht es, denn da hat es den goldenen Schlüssel zum Königreich der Blätter gefunden.

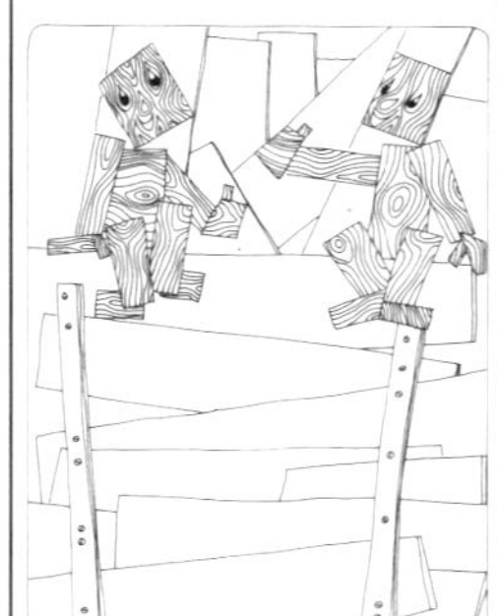

Male viel Holz für die zwei Holzgeister.

Zwei kleine Holzgeister treffen sich

Knarr, der kleine, dunkle Holzgeist trifft seinen Freund, den hellen Knorr.
Die beiden sitzen auf einer alten Kiste und hecken einen Plan aus. Sie wollen aus dem Holzlager ausreißen und wieder zurück in den Wald wandern.

Male alle Freunde, die zu Besuch kommen.

Ein neues Haus für Milli Maus

Alle Freunde besuchen die Maus Milli in ihrem neuen Haus, Tingel-Tangel, der bunte Schmetterling und Ringeli, der rosa Regenwurm, Tip, Tap und Tup, die drei Ameisen und Tüpfeli, der kleine Marienkäfer.
Alle kommen zu Milli.

Male den Zwergen bunt-karierte Kleidung.

Zwergentreffen im karierten Zauberwald

Einst lebten in einem karierten Wald drei karierte Zwerge.
Sie trafen sich jeden Sonntag in einer karierten Höhle und aßen karierten Brei aus karierten Schüsseln. Nachher lagen sie in der karierten Sonne und träumten ganz karierte Träume.

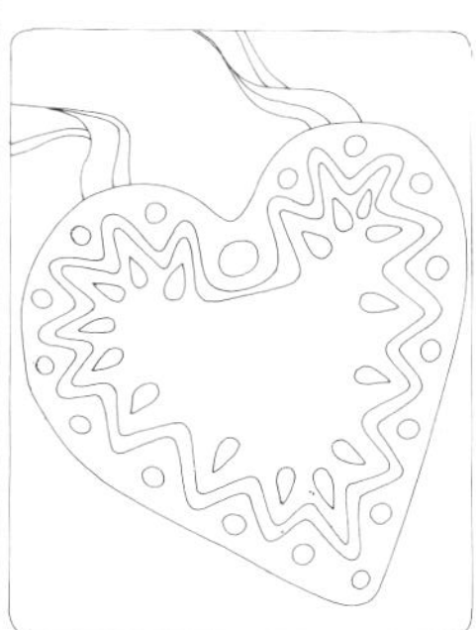

Male das Lebkuchenherz an und schreibe ein

Ein Lebkuchenherz für Dich!

Gemalt hab' ich
hier Strich für Strich
ein Herz für Dich,
ein Herz aus Kuchen,
mit Zuckerguß
und mit Mandeln
und mit Haselnuß,
mit Deinem Namen
mittendrin,
das soll Dir sagen,
wie gut ich Dir bin.

Male ein kleines Tier unter die Tanne.

Ein guter Platz im Winterwald

Der kleine Hase Hops sucht Schutz im kalten Winterwald.
Er sucht einen Platz, wo er sicher ist vor dem kalten Schnee und dem eisigen Wind.
Vielleicht kann Hops von hier aus auch den guten Nikolaus sehen, wenn er durch den Winterwald stapft.

Male viele helle Sterne an den Himmel. Erzähle

Das Konzert der Sterne in der Weihnachtsnacht

Die Sterne machen in der Heiligen Nacht eine ganz leise, himmlische Sternenmusik.
Ein Stern spielt Geige, ein anderer spielt leise auf der Flöte, und ein dritter Stern spielt auf der Harfe.
Und die Menschen auf der Erde hören zu und freuen sich.

Male die Blüten, die grünen und bunten Blätter und

Der Vier-Jahreszeiten-Baum

Es war einmal ein Baum, ein wahrer Wunderbaum. Der hatte einen Ast mit lauter Frühlingsblüten und einen Ast mit grünen Sommerblättern.
Am dritten Ast waren bunte Herbstblätter und auf dem vierten Ast lag Schnee, das ganze Jahr über.

Vorschläge für Texte zu den angebotenen Zusatzthemen:

Male die Mauersteine der alten Burgruine.

Im alten Gemäuer

Hoch oben auf dem Berg steht eine alte Burg. Es ist nur noch eine Ruine, nur noch altes Gemäuer. Aber die Ruine ist nicht leer. Die weise Eule Kuru wohnt dort mit ihren Eulenkindern. Nacht für Nacht hört man sie rufen: „Schuhu, gute Ruh!"

Male die Sachen, die Tina angezogen hat.

Ein tolles Kostüm aus Omas Kleiderkiste

Eines Tages fand Tina auf Omas Dachboden eine Kiste mit alten Stoffen und Kleidern. Sie probierte alles an, einen bunten Rock, eine weiße Spitzenbluse, eine gestreifte Weste, einen geblümten Schal und einen roten Hut. Und dann probierte sie noch viele andere Sachen.

Male viele bunte Vögel in das Vogelhaus.

Opas Vogelhaus

Opa hat vor dem Haus ein Vogelhaus gebaut. Als es Winter wurde, hat er Futter hineingestreut und einen Meisenring aufgehängt. Und schon kamen von allen Seiten Vögel, die frechen Spatzen, die schwarzen Amseln, die kleinen Rotkehlchen und natürlich die bunten Meisen.

Male dem kleinen Drachen viele bunte Schupper

Ein Drachentraum

Der kleine Drache Rico mit den bunten Schuppen ist gefangen worden. Die Jäger haben ihn in einen Zoo gebracht. Nun liegt er auf einem Felsen und träumt. Er träumt von seinen Brüdern im fernen Drachenland und von den Vulkanen dort und den heißen Quellen

Male ein schönes, buntes Muster auf das Ost

Ein Riesenosterei

Peter Hoppelpoppel, der kleinste unter den Osterhasen fand eines Tages vor seinem Haus ein riesengroßes Osterei. Sofort begann er, es mit vielen bunten Farben zu bemalen. Als das Ei fertig war, brachte er es in den Garten von ________ . Dort hat er es gut versteckt.

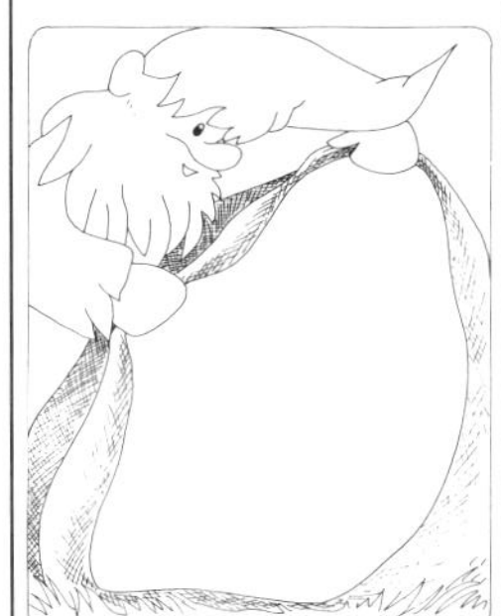

Male all die Edelsteine und das Gold in den Sac

Ein Sack voller Kostbarkeiten

Vor langer Zeit war der Zwerg Goro in einen tiefen Wald geraten. Dort fand er in einer Höhle einen Schatz. Neben dem Schatz saß ein kleiner Vogel, der piepste und rief: „Gut, daß du kommst, Zwerg Goro! Nimm den Schatz und schütze ihn vor dem wilden Bären!"

Male die Waldwiese voller bunter Blüten.

Die Waldwiese

Goro hat den Schatz auf einer Waldwiese hinter dicken Steinen versteckt. Die Waldwiese aber gehört einer guten Fee. Als der wilde Bär auf die Waldwiese kam, sagte die gute Fee ein Zauberwort, und alle Blumen begannen zu blühen, und das Herz des Bären wurde ganz freundlich.

Male die Sonne und den Wind. Erzähle, w

Der Sieger

Der Wanderer saß auf seinem Mantel und ruhte sich aus, und die Sonne lachte dazu und rief: „He, Wind, ich bin stärker als du. Ich bin Sieger!" Der Wind aber rief: „Ja, diesmal warst du Sieger. Aber beim nächsten Mal versuchen wir, einen Baum auszureißen!"

Male bunte Zahlen und Zeiger in die Schneckenu

Die Schneckenuhr

Im Schneckenland, da richtet man sich nach der Schneckenzeit. Die geht so langsam und so gemütlich wie die Schnecken gehen. Eine Stunde scheint da so lang wie ein Tag, weil die Schneckenuhr im Schneckenland die Schneckenzeit ganz schneckenlangsam anzeigt.

Male, was alles aus dem Korb gefallen ist.

O weh!

Der kleine Bäcker Tobias holte einen Korb mit frischen Brötchen und Brezeln und mit feinem Gebäck. Da stolperte er und fiel auf die Nase, und all die Brezel und die frischen Brötchen und all das feine Gebäck, alles rollte aus dem Korb. Wohin rollte es aber?

Male lauter bunte Schmetterlinge.

Schmetterlingsfest auf der Löwenzahnwiese

Auf der Löwenzahnwiese ist heute ein Fest. Da kommen von weit her die Schmetterlinge, um fröhlich zu feiern. Sie schweben hoch in der Luft und tanzen. Sie schaukeln im Wind und setzen sich dann auf die Blüten, um deren köstlichen Nektar zu trinken.

Male die Leute, die in den Booten sind.

Zu fernen Zielen

Nina und Toni und Lena und Tom, die sitzen in ihren Booten. Nina will in der Ferne eine Insel entdecken. Toni will auf dem Meer die Piraten besiegen. Lena will tauchen und auf dem Meeresgrund Seeungeheuer filmen. Und Tom will mit seinem Boot die ganze Welt umsegeln.

Ein prächtiges Schloß

Uli holt seine bunten Bausteine aus der Kiste
und baut damit ein wunderschönes Schloß,
ein Schloß mit Mauern und Zinnen,
mit Türmen und Toren,
mit Säulen und Treppen.
Immer größer und schöner wird das Schloß.

Mit den Farben in deinem Farbkasten kannst du so ein buntes Schloß malen, wie Uli es gebaut hat.

Male einfache Formen – wie Ulis Bausteine:

Benutze alle Farben, die in deinem Farbkasten sind, aber rühre sie gut an, damit sie schön leuchten.

Name Datum

Eine Hütte für den Hund

1. Nimm ein Stück Zeichenkarton in der Größe DIN A 4, und falte die oberen Ecken nach hinten. Schon ist das Dach fertig.
2. Schneide den Karton unter dem Dach etwas ein, und klappe die Seitenwände nach hinten.
3. Nun schneide eine Türöffnung in die Vorderseite, so groß, daß ein aus Knete geformter Hund hindurchpaßt.
4. Zum Schluß beklebe die Hundehütte mit Holztapete oder mit Furnierholzresten. Du kannst auch noch ein Schild anbringen, auf dem der Name deines Hundes steht.

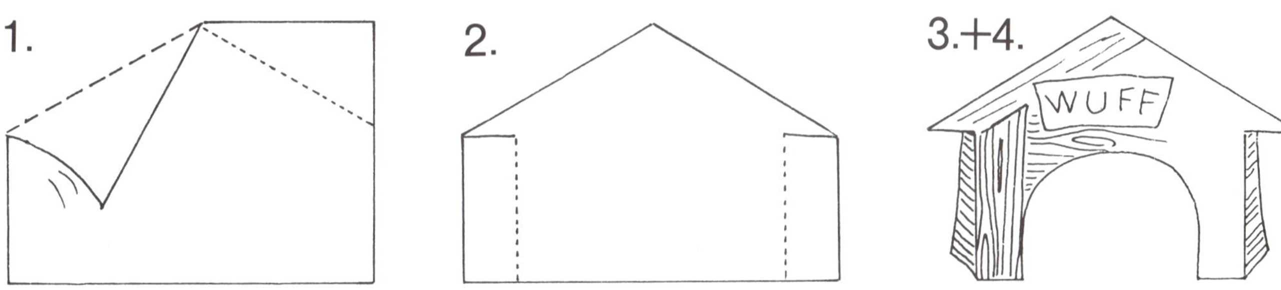

Waldi, Babsi und die Kleinen

Tim, Tom und Tina haben kleine Hunde aus Ton geformt:

- zuerst den länglichen Bauch und den Hals
- dann den schmalen Kopf mit den Augen und mit Schnauze und Schlappohren
- dann die kurzen Vorderbeine und die beiden Hinterbeine
- und zum Schluß den langen Schwanz.

Sie haben die Einzelteile sorgfältig aneinandergefügt und die Ansatzstellen gut verstrichen. Tim hat seinem Hund mit einem Bleistift noch ein struppiges Fell eingeritzt.

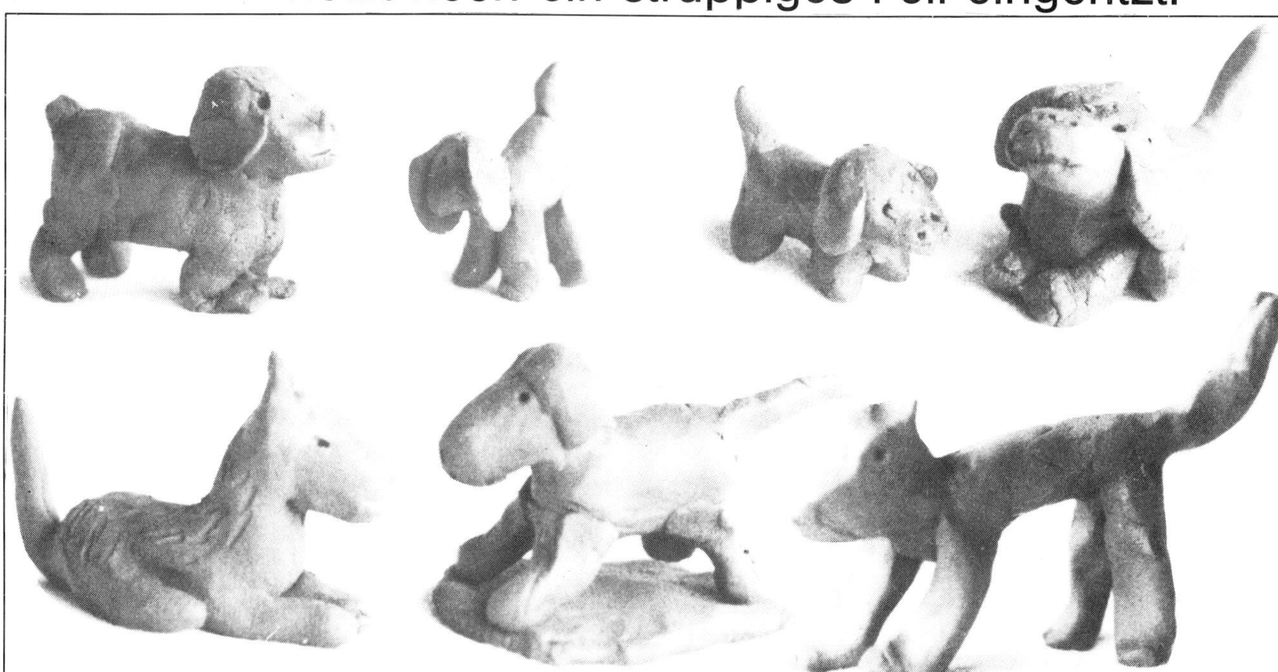

Mach es wie Tim und seine Freunde. Nimm Ton und forme auch einen kleinen Hund.
Du kannst deinen Hund natürlich auch aus Knetmasse formen.

Name

Datum

Ganz nahe an der rotglühenden Sonne

Die Sonne ist ein Feuerball, glühend und strahlend.
Die Sonne ist eine Kugel aus brennendem Gas.
Die Sonne schickt uns ihre feurige Glut und ihr Licht.
Wenn wir die Sonne malen wollen, dann brauchen wir feurige, glühende, strahlende Farben:

Weiß Gelb Orange Rot

Wir mischen die Farben zu vielen, neuen Farbtönen.
Wir fangen mitten im Bild an zu malen.
Dort ist das helle Sonnenlicht,
die goldene und weißglühende Helligkeit.
Dann weitet sich die Glut immer mehr aus, leuchtet und brennt, zieht immer größere Kreise, strahlt immer weiter und breitet sich über das ganze Blatt aus.

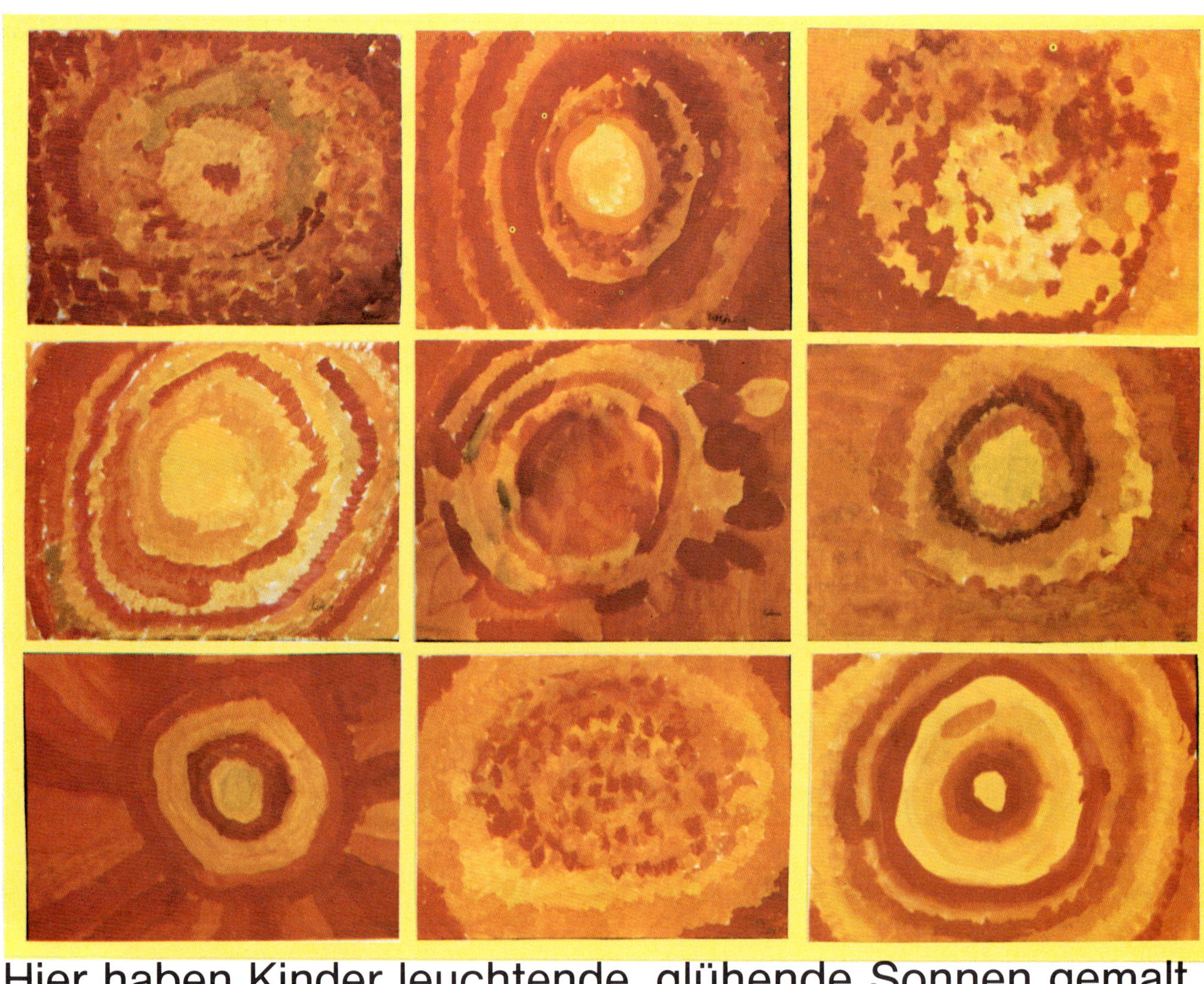

Hier haben Kinder leuchtende, glühende Sonnen gemalt.

Fritz Stachelwald

Bei Nacht und Nebel
durch den Park
marschiert der Polizist
Hans Stark.

In einem Strauche rührt sich was.
Ein Niesen,
Schnaufen.
Was ist das?

„Heraus! – Ich schieße! –
– Wird es bald?"
Zum Vorschein kommt
Fritz Stachelwald.

„Ach, Igel,
du streifst noch herum?
Das darfst du gern. –
Entschuldigung!"

– Josef Guggenmos –

Komm, wir malen buntes Herbstlaub für den Igel.
Da liegen viele Blätter nebeneinander und übereinander.

Sie haben verschiedene *Farben und Formen.* **Sie sind:**

gelb, ockergelb, orange, rot, dunkelrot, rotbraun, grün, olivgrün, braun …	*groß, klein, lang, breit, rund, oval, herzförmig, gefingert, gezackt …*

Ganz unten liegt eine Schicht von lauter gelben Blättern.
Darum färben wir zuerst das ganze Blatt gelb ein.
Darüber malen wir die verschiedenen bunten Blätter.

Dann zeichnen wir einen Igel auf schwarzes Papier,
schneiden den Umriß grob aus und schneiden dann
die Zacken für die Stacheln hinein,
immer von außen nach innen.

Name

Datum

Name

Datum

Der kleine Holzgeist

Es war einmal ein kleiner Holzgeist. Der hatte einst in einem großen alten Baum mitten im Wald gelebt. Dann waren Holzfäller gekommen, die hatten den Baum gefällt und in ein Sägewerk gebracht. So waren lauter Bretter aus dem alten Baum geworden, Bretter mit einer wunderschönen Maserung.

Und wenn man genau hinschaute, dann konnte man den kleinen Holzgeist noch erkennen, wie er tanzte und lachte.

Male auch Holz, in dem man in der Maserung den kleinen Holzgeist noch erkennen kann!

Male leicht geschwungene Streifen in vielen verschiedenen Brauntönen: hellbraune und dunkelbraune Streifen, rotbraune, grünbraune und blaßbraune Streifen.
Du mußt diese Farbtöne mischen: Braun mit Gelb, Braun mit Ocker, Braun mit Orange, Braun mit Rot, Braun mit Grün, Braun mit Schwarz, Braun mit Deckweiß . . .

Erzähle, was René Magritte auf diesem Bild gemalt hat.

Der kleine Holzgeist will fort. – Warum wohl und wohin? – Er springt auf den Boden vor seiner Bretterwand und merkt gleich: „Au, hier brauche ich Schuhe!"

Zeichne den kleinen Holzgeist, und male, wohin er gewandert ist! Erzähle, was er erlebt hat!

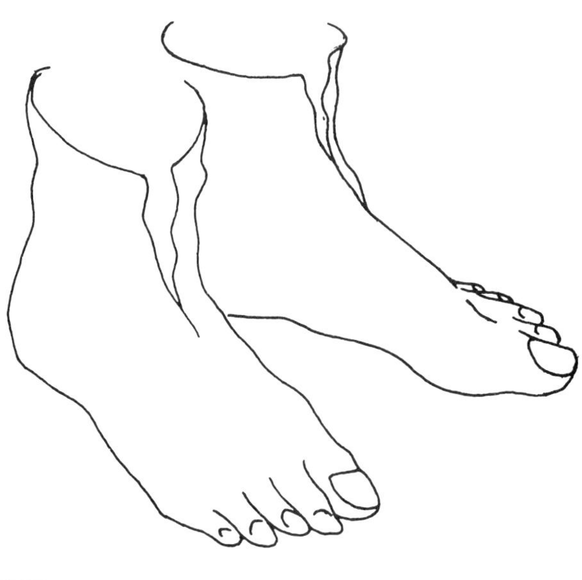

Im Zauberwald

Mitten in einem ______________ Wald lebten unter einer ______________ Tanne zwei ______________ Zwerge. Immer wenn die ______________ Sonne hell vom ______________ Himmel schien, waren sie froh.

gelb rot kariert gestreift blau bunt gepunktet grün grau geblümt

Suche dir eins dieser Wiewörter aus und setze es in der Geschichte vom Zauberwald überall da ein, wo eine Lücke geblieben ist. Dann male dein Bild vom Zauberwald genauso, wie du es aufgeschrieben hast, ganz bunt oder in lauter Rottönen oder gestreift oder...

Hänsel und Gretel
verirrten sich im Wald...
...Sie kamen an ein Häuschen von Pfefferkuchen fein...

Lebkuchenfiguren

Hast du Lust, Hänsel und Gretel und die Hexe als Lebkuchenfiguren zu malen?
Es ist ganz einfach: Male zuerst eine Kuchenfigur

mit dicker brauner Farbe auf Zeichenkarton.

Die Form muß weich und überall abgerundet sein, eben wie aus richtigem Kuchenteig.

Wenn die braune Farbe ganz trocken ist, beginne mit den Verzierungen.

Dazu brauchst du unbedingt Deckweiß, um die Punkte und Linien aus „Zuckerguß" zu malen. Mische auch die Farben

Rot, Gelb, Grün und Blau mit Deckweiß, damit sie auf dem dunkelbraunen Untergrund gut decken, und damit sie sich nicht zu sehr mit dem Braun mischen.
Mit Deckweiß gemischt werden Rot, Blau, Gelb und Grün richtige „Bonbonfarben".
Wenn auch diese Farben getrocknet sind, schneide die Lebkuchenfigur aus.
Nun kannst du gemeinsam mit deinen Freunden ein Bild zum Märchen von Hänsel und Gretel zusammenstellen.
Ihr könnt auch zur Vorweihnachtszeit einen Adventskalender daraus machen.

Name Datum

Eine Tanne im Schnee

Am Waldrand steht eine alte Tanne und träumt von Weihnachten. Sie reckt ihre Äste und Zweige dem Schnee entgegen, und ihre Tannennadeln leuchten in den schönsten Grüntönen.

Leise fallen die Schneeflocken vom Himmel herab und hüllen die Tanne in ein weißes Festgewand.

Das „Engelskonzert" von M. Grünewald

Musizierender Engel zur Weihnachtszeit

Name Datum

Name

Datum

Ein Baum verändert sich

Ein Baum hat eine große, weite Krone
mit vielen Ästen und Zweigen.
Ein Baum hat einen dicken, kräftigen Stamm,
der fest in der Erde verwurzelt ist.

Im Laufe des Jahres verändert sich der Baum.

FRÜHLING SOMMER

Im Frühling trägt der Baum viele weiße Blüten.
Im Sommer trägt der Baum viele grüne Blätter.
Im Herbst färben sich die Blätter bunt,
und der Wind weht sie vom Baum.
Im Winter ist der Baum kahl,
und der Schnee legt sich auf die Äste.

HERBST WINTER

Auf die Mauer geschrieben

Schau dir diese alte Backsteinmauer gut an! Siehst du, in wieviel verschiedenen Farbtönen sie schimmert? Zähle die Farbtöne!

Schreibe auf, welche Farbtöne du findest: ____________________

____

____

Und nun schau dir an, wie die Ziegelsteine aufeinandergesetzt sind, immer sorgfältig „auf Lücke". Kannst du erklären, warum der Maurer die Steine so aufeinanderschichtet? Versuche die alte Mauer dort oben richtig weiterzuzeichnen.

Und nun male selbst eine alte Mauer
mit sorgfältig aufeinandergesetzten Steinen
und mit vielen verschiedenen Rottönen.

Zum Schluß, wenn die Farbe ganz trocken ist, male mit weißer Wachskreide darauf das Bild von jemandem, den du gern hast.

Name

Datum

Tolle Kostüme

Die Kinder haben Bilder mit Karnevalsfiguren gemalt.

Dann haben sie für die Figuren lustige Namen gesucht, und schließlich haben sie aufgeschrieben, was die Figuren gerade tun.

Und dann haben sie die Bilder genau in der Mitte durchgeschnitten.

Jetzt kann man die einzelnen Bildteile anders zusammenfügen, und auf einmal tanzt der König einen Kriegstanz.

Und auch die anderen Figuren machen plötzlich ganz lustige Sachen.

Ein Lesezeichen,
ein Schmökerfreund,
ein kluger Vogel,
der für dich
aufpaßt,

So kannst du dein Lesezeichen basteln:

Überlege, welche Farben dein Lesevogel haben soll.
Dann schneide den Bauch,
den Kopf und die Flügel
zweimal aus, ebenso die Füße.

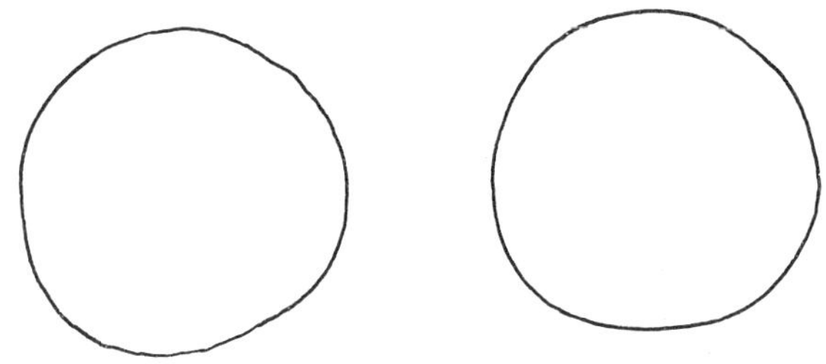

Nun fehlt noch der Schnabel. Mach ihn lang oder kurz, geöffnet oder geschlossen, gerade oder gebogen, ganz wie du willst.

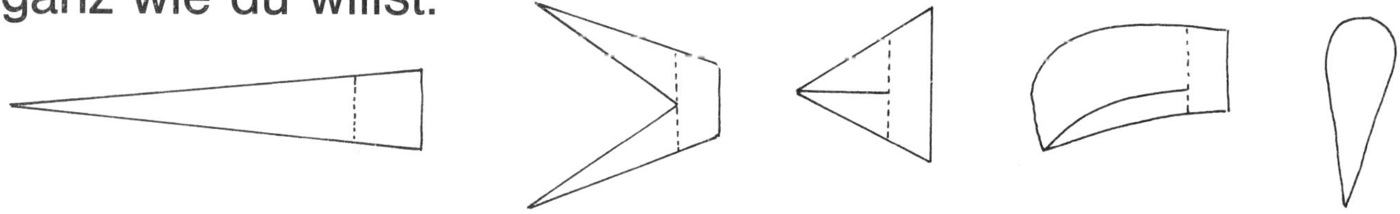

Dann kommt das Wichtigste, das lange Band, das später aus dem Buch heraushängt und dir zeigt, wo du weiterlesen sollst.
Dazu kannst du Schleifenband nehmen oder Wollfäden oder ganz einfach Papier von derselben Farbe, in der dein kleiner Vogel geschnitten ist.
Klebe ein Bauchteil unter das Band und eines auf das Band. Klebe den Schnabel auf ein Kopfteil, und klebe das andere Kopfteil darauf. Dann befestige den Kopf auf dem Bauch; klebe auch die Flügel und Füße an, und male deinem Vogel Augen.

Viel Spaß beim Basteln,
und anschließend
viel Spaß beim Lesen!

Name Datum

Der kleine Drache

Es war einmal ein kleiner Drache, klein, schwarz und freundlich, und am wohlsten fühlte er sich, wenn er mitten in einem prasselnden Feuer war. Eines Tages...

Wir wollen den kleinen, schwarzen Drachen malen.

Zuerst überlegen wir, was wir alles brauchen:

1) Material

Papier (im Querformat)
Wachskreide

2) Formen

Kopf mit Augen und Ohren,
mit Nase und Maul
und Rauch

Hals und Bauch mit
Schuppen und Mustern

vier Beine mit Füßen und
mit Krallen

zwei große Flügel wie bei
einer Fledermaus

viele bewegte Flammen

3) Farben

Schwarz und viele
verschiedene Grautöne *
für den Drachen

Rot, Orange und Gelb
für die Flammen

* Wenn du den schwarzen Wachsstift mit unterschiedlichem Druck verwendest, erhältst du verschiedene Grautöne.

Bald ist Ostern

Schon längst haben die Osterhasen die Farbtöpfe und die Pinsel bereitgestellt. Nun kann die Arbeit beginnen. Alle Osterhasen sitzen im Gras und malen und malen.

Du kannst auch solche Osterhasenbilder malen. Du kannst dir aber auch kleine Hasenfiguren aus Knete oder aus Modelliermasse oder aus Ton formen und damit euren Ostertisch schmücken.

- Du kannst einen Osterhasen formen, der eine Kiepe voller Eier trägt.
- Du kannst einen Osterhasen formen, der gerade davonhoppelt.
- Du kannst auch einen Hasen formen, der vor seinen Ostereiern sitzt.
- Und du kannst einen Hasen formen, der sich nach der Arbeit ausruht und ein wenig schläft.

Name

Datum

Name

Datum

Das Versteck in der Wiese

Der kleine Zwerg Goro sucht dringend ein Versteck, um seine Schätze und auch sich selbst vor dem wilden Bären zu verbergen.
Da findet er mitten auf der Wiese ein paar dicke Steine. Sie sind seine Rettung. Hier kann er sich verstecken.

Male die Wiese und die dicken Steine in der Mitte!

Wiese

Viele Grashalme in vielen, verschiedenen Grüntönen: Hellgrün, Gelbgrün, Blaßgrün, Graugrün, Dunkelgrün, Blaugrün, Olivgrün, Flaschengrün…

Steine

Verschieden große Steine in vielen Grautönen: Hellgrau, Blaugrau, Braungrau, Dunkelgrau, Schwarzgrau…

Mische die Farben

Grün mit: Deckweiß, Gelb, Ocker, Blau, Braun, Schwarz

Schwarz mit: Deckweiß, Blau, Grün, Braun

Albrecht Dürer: Das große Rasenstück

Ob der kleine Goro in dem Wiesenbild von Albrecht Dürer wohl auch ein gutes Versteck gefunden hat?
Findest du den Zwerg in dieser Zeichnung? Mach ihm ein gutes Versteck.
Und weißt du, was geschah, als der wilde Bär zur Wiese kam?
Plötzlich begannen tausend bunte Blumen auf der Wiese zu blühen, und der Bär wurde ganz sanft vor lauter Freude.
Male auch die vielen bunten Blumen.

Stabpuppen

So kannst du Stabpuppen für ein Puppenspiel herstellen:

Male die Figuren, mit denen du spielen willst, auf ein Stück Plakatkarton, z.B. so:

Du kannst die Figuren auch auf deinen Zeichenblock malen und später auf festen Karton aufkleben.
Dann schneide die einzelnen Figuren aus, befestige ein Holzstäbchen auf der Rückseite, und schon kannst du spielen.

Wenn sich eine Figur bewegen soll,
wenn also z.B. der Wanderer laufen soll,
dann mußt du ein Bein
einzeln malen und ausschneiden.
Hefte dieses Bein dann
mit einer Briefklammer
an den Körper
und befestige am Bein
ein zweites Holzstäbchen.
Nun kann der Wanderer wandern.

Wettstreit zwischen Sonne und Wind

– ein Stabpuppenspiel –

Es war einmal ein Wanderer, der zog fröhlich durch die Welt und sang dabei lustige Lieder.

Die Vögel in den Bäumen sangen mit, und die Hasen und die Eichhörnchen begleiteten ihn.

Nun hatten gerade zu dieser Zeit die Sonne und der Wind einen Streit darüber, wer von ihnen wohl der Stärkste sei.

Da rief der Wind: „Sieh den Wanderer dort unten! Wer von uns ihm seinen Mantel ausziehen kann, der ist Sieger!"

Die Sonne war einverstanden, und sogleich begann der Wind zu blasen. Aber der Wanderer hüllte sich nur fester in seinen Mantel.

Dann begann die Sonne zu scheinen. Da wurde dem Wanderer warm, und er zog seinen Mantel aus und setzte sich zur Rast darauf.

Ganz besondere Uhren

Dies ist eine besondere Uhr. Sie ist fast 200 Jahre alt und steht in einem Museum.

Schau sie dir ganz genau an, die Form, die Figuren, die kostbaren Verzierungen!

Erzähle, was du alles entdecken kannst!

Nun mach dir auch eine ganz besondere Uhr, so, wie es Tim, Tom und Tina gemacht haben.

Meine Uhr

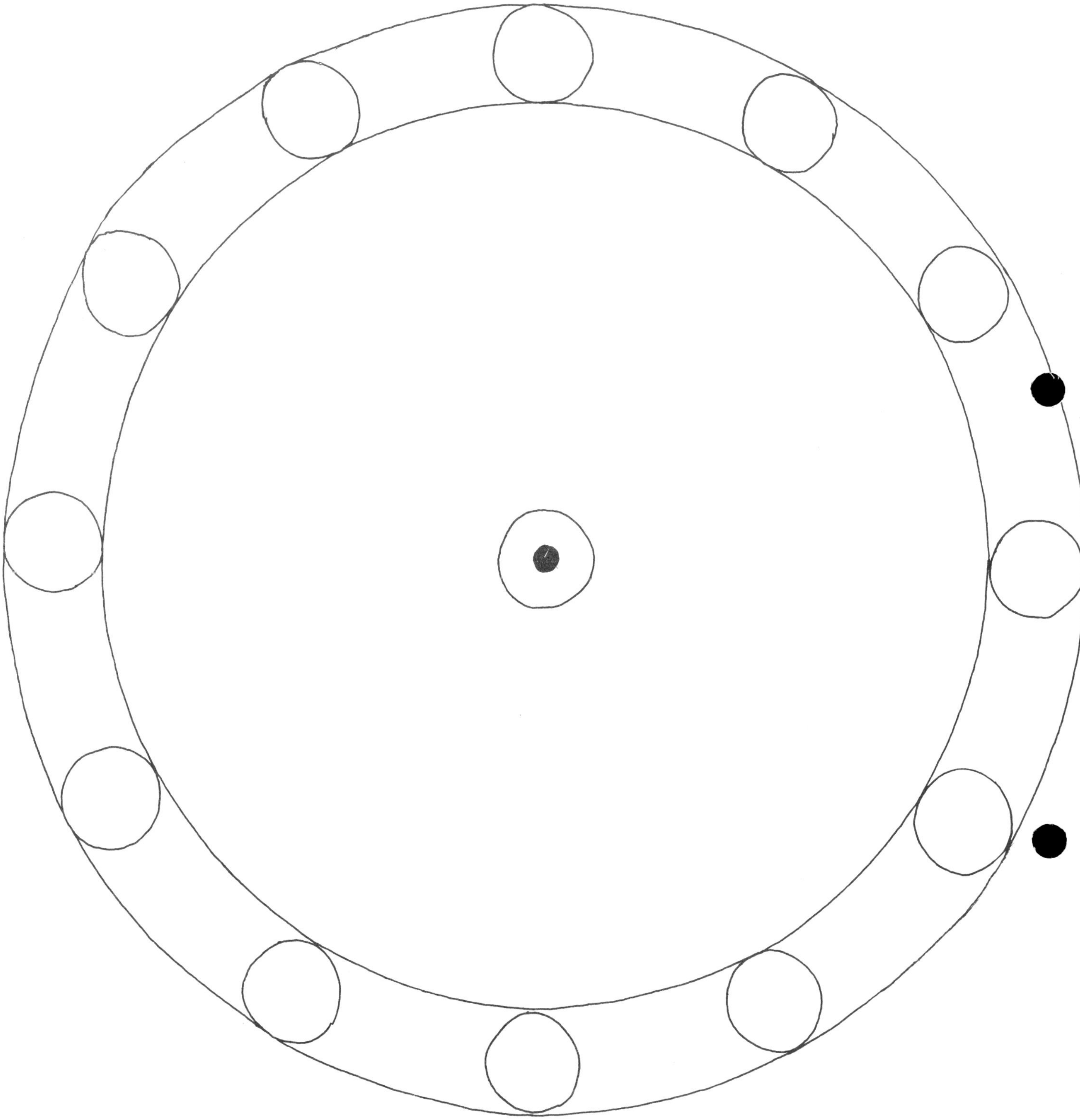

Name Datum

Name Datum

Tobias, der kleine Bäcker

Tobias wollte immer schon Bäcker werden. Endlich ist
es soweit. Er darf Bäcker werden. Stolz steht er da in seinen
neuen Sachen vor der großen Mauer an der Bäckerei und
läßt sich fotografieren mit seiner weißen Jacke,
mit seiner schwarz-weiß karierten Hose,
mit seinem schönen roten Halstuch
und vor allem
mit seiner großen weißen Bäckermütze,
so steht er da vor der Mauer mit den grauen Steinen
und freut sich: Bald kann er Brötchen und Brote
und Kuchen und Plätzchen backen.

Du kannst auch das Fahrrad dazumalen, mit dem Tobias morgens die Brötchen zu den Leuten bringt, oder die Eingangstür zur Bäckerei oder den ersten selbstgebackenen Kuchen oder eine Denkblase, in der man sieht, worauf sich Tobias am meisten freut.

Löwenzahn, Löwenzahn,
zünde deine Lichter an,
Lichtlein hell und Lichtlein fein,
Lichtlein auf der Wiese!

Wir wollen eine solche Blume, einen Löwenzahn auf einer Wiese malen. Wie man eine Wiese malt, weißt du schon:
Du brauchst viele verschiedene Grüntöne dazu. Die einzenen Grashalme sollte man auch erkennen können.

Wie man den Himmel über der Wiese malt, weißt du auch schon. Du brauchst Deckweiß dazu, um das Blau ganz hell zu machen.

Und wenn du nun einen Löwenzahn malen willst, dann schau ihn dir am besten in der Natur ganz genau an, die gezahnten Blätter, den dicken Stiel und die strahlend helle Blüte.

Name Datum

Name Datum

Mein Ferienboot

Bald beginnen die großen Ferien. Bald beginnt die schöne Zeit, in der du vom Morgen bis zum Abend spielen kannst, zuhause, im Garten, auf dem Hof, im Park, im Wald, im Schwimmbad oder irgendwo in den Bergen, am Meer oder ganz weit weg, in einem fernen Land.
Aber jetzt bist du noch in der Schule.
Jetzt kannst du nur von dieser schönen, freien Zeit träumen.
Also, los! Träume dir deinen eigenen Sandstrand, ganz für dich allein – und deine eigene grüne Wiese, ganz für dich allein.
Und dann male deinen Ferientraum.

Nun falte dir noch ein Ferien-Traum-Boot und male es schön bunt an. Dann kannst du (im Traum) fahren, wohin du willst.

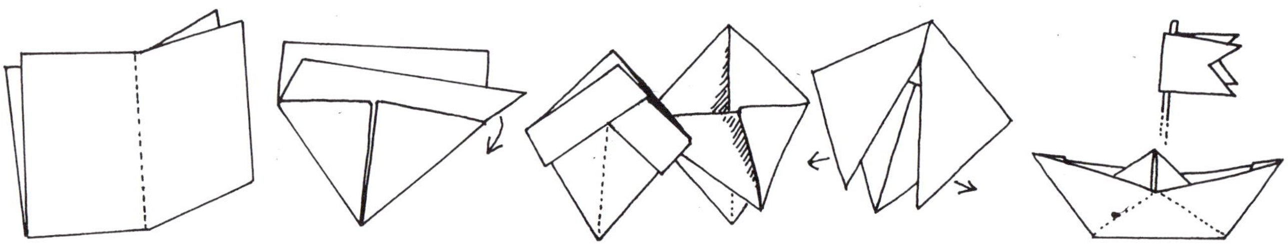

Wir zeichnen und drucken.

Arbeitsmappe für den Kunstunterricht

STOCKMANN VERLAG BOCHUM-MÜNCHEN

Wir zeichnen und drucken.

Arbeitsmappe für den Kunstunterricht

Erarbeitet von M. Bellenhaus und J. Schölling

Bestell-Nr. 184 **ISBN 3-7989-0184-8**

STOCKMANN-VERLAG, BOCHUM-MÜNCHEN

Im ersten Teil dieser Arbeitsmappe geht es um das Zeichnen mit Tusche und Feder und dabei vor allem um die Linie in ihren unterschiedlichen Funktionen als Umrißlinie und Binnenzeichnung, als Schraffur und Struktur, als Muster und Ornament.
Es empfiehlt sich, als Material einen Lederhalter, eine Zierschriftfeder (1/2 mm) und eine Tuschepatrone zu benutzen. Die Feder muß nach dem Unterricht stets sorgfältig ausgewaschen und abgetrocknet werden.
Der Inhalt einer Tuschepatrone reicht bei sachgemäßer Benutzung für alle 12 Themen im Bereich der Zeichengrafik.
Der zweite Teil der Mappe befaßt sich mit einigen einfachen Techniken der Druckgrafik. Auch die kompositorischen Möglichkeiten der Reihung, Streuung oder Ballung sowie Schwerpunktbestimmung und Figur-Grund-Bezug werden mehr und mehr ins Bewußtsein gerückt.
Es wurden bewußt nur solche Druckverfahren gewählt, die ohne großen technischen Aufwand auch schon von Kindern im Grundschulalter bewältigt werden können.
Unterstützt wird die praktische Arbeit in beiden Teilen der Mappe durch die Beschäftigung mit einigen Werken der Bildenden Kunst.
Die abgebildeten Schülerarbeiten wurden durchweg im DIN A 4-Format gearbeitet.

Inhalt

Spitzendeckchen

Spitzendeckchen sind zart und leicht.
Mit einem feinen Faden werden viele unterschiedliche Muster gestrickt oder gehäkelt oder geköppelt.

Du kannst auch ein Spitzendeckchen zeichnen. Benutze dazu eine Zeichenfeder und fülle sie mit schwarzer Tusche aus einer Patrone. Nun bestimme auf dem Zeichenblatt die Mitte deines Spitzendeckchens und zeichne die erste Musterform um diese Mitte. Dann füge das nächste Muster an, in der nächsten Reihe wieder ein anderes und dann wieder eins. So wird das Spitzendeckchen immer größer. Muster fügt sich an Muster, Reihe an Reihe, bis das Blatt gefüllt ist. Je sorgfältiger du arbeitest und je mehr Muster du erfindest, um so kostbarer und filigraner wirkt das Spitzendeckchen.

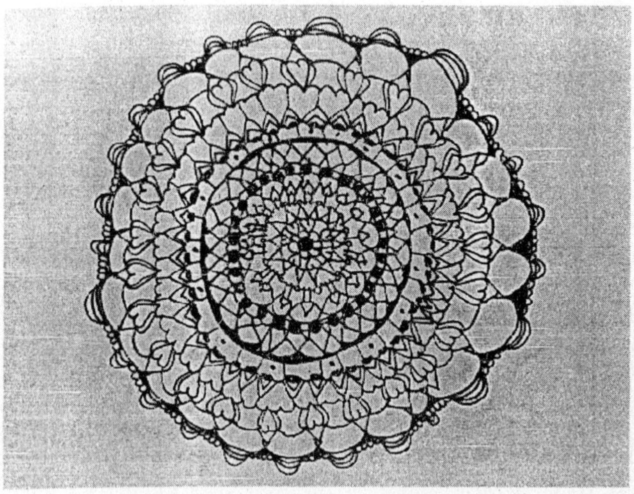

Name Datum

Der Ameisenhügel im Wald

Im Wald ist ein Hügel entstanden. Aus kleinen Ästchen und tausend und abertausend Tannen- und Fichtennadeln ist er in mühsamer Arbeit aufgeschichtet worden. Auf diesem Hügel und in diesem Hügel wimmelt es von kleinen Tieren, von Ameisen, die hin und her krabbeln, Futter und Baumaterial schleppen und sich keine Pause gönnen.

Schau dir die Bäume auf der Rückseite dieses Blattes an und überlege, wie du die Rinde zeichnen und welche Blätter oder auch Nadeln du an ihre Äste zeichnen willst.
Anschließend an die Bäume zeichne den Ameisenhügel und dazu lauter Ameisen. Du mußt viele, viele kleine Striche machen, kreuz und quer und dicht an dicht. Und vergiß nicht, Platz für die Ameisen zu lassen. Du weißt nicht, wie man Ameisen zeichnet? Ganz einfach!

Kopf:

Oberkörper mit Beinen:

Hinterleib:

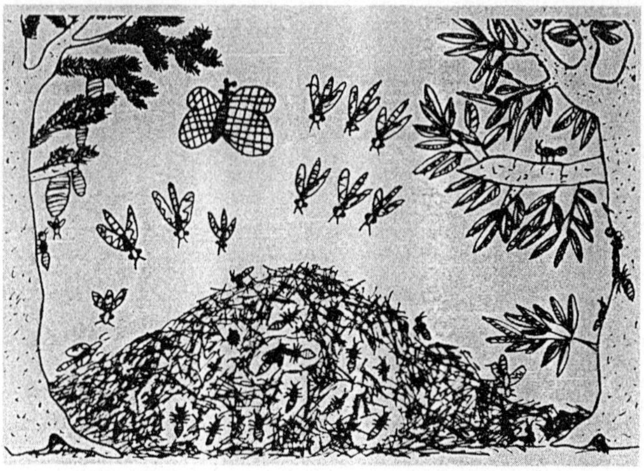

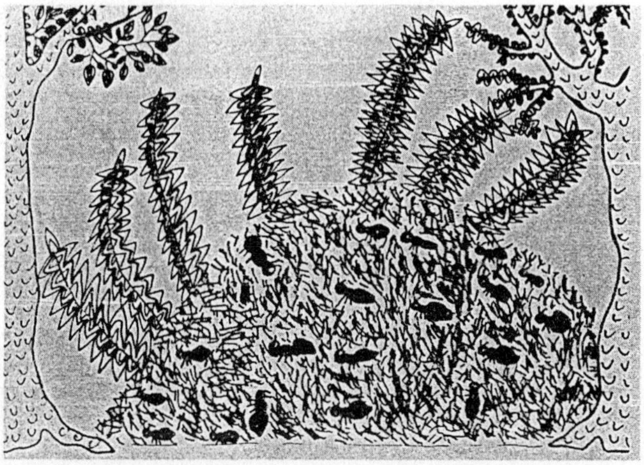

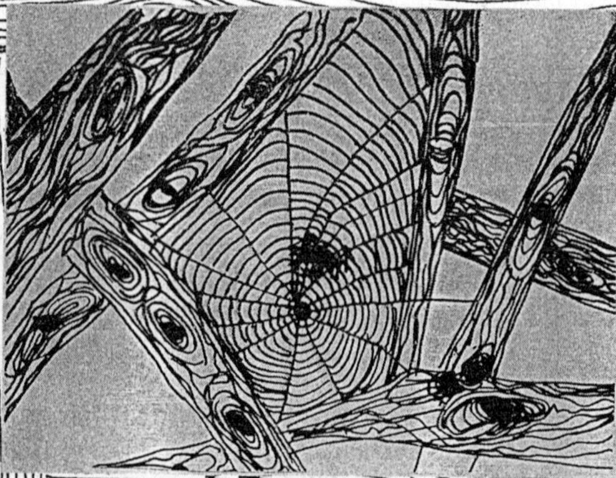

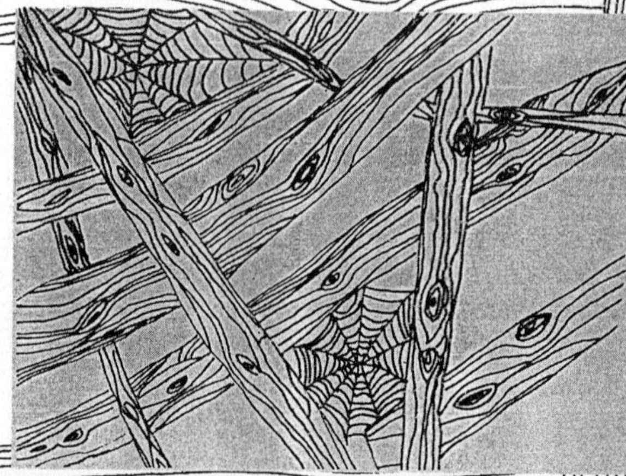

Spinnweben in alten Gebäuden

Wenn du in einem alten Haus auf den Bachboden steigst, dann findest du zwischen den dicken Balken oft leichte, zarte Gewebe, hauchfeine Netze, die von kleinen Spinnen kunstvoll und geschickt gesponnen worden sind.

Zeichne ein paar Holzbalken auf dein Zeichenblatt. Achte dabei auf die Maserung, damit man die Ansätze der Äste erkennen kann und die unterschiedlichen Streifen, die durch die Jahresringe entstanden sind. Dann zeichne das Spinnennetz ein. Mach es wie die Spinne. Zeichne zuerst die Spannfäden zwischen die Balken ① und füge dann die klebrigen Fäden ein, auf denen die Spinne ihre Beute fängt.② Vielleicht zeichnest du auch noch die Spinne selbst dazu.

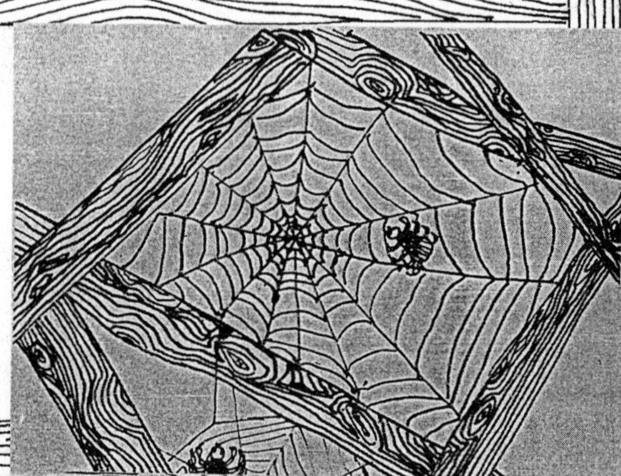

Rauch über der Stadt

Es war einmal eine Stadt mit vielen großen und kleinen Häusern, mit dicken Mauern und hohen Türmen und mit vielen Fabriken. Immer mehr Häuser und Türme und Fabriken wurden gebaut, und aus allen Schornsteinen und Fabrikschloten quoll Tag und Nacht dicker Rauch. Der Rauch bedeckte den ganzen Himmel über der Stadt. Er war so dicht, daß ihn kein Sonnenstrahl mehr durchdringen konnte. Da beschloß die Sonne, von hier fortzugehen, weil die Menschen in dieser Stadt sie ja nicht mehr brauchten. Die Menschen bemerkten ihr Fortgehen nicht einmal. Nur ein paar alte Leute erinnerten sich noch an die Zeit, in der der Himmel noch blau war und die Sonne noch schien. Sie erzählten den Kindern davon. Die Kinder hörten staunend zu. Sie begannen, sich nach der Sonne zu sehnen, nach ihren hellen und warmen Strahlen.
Und dann beschlossen sie, die Sonne zu suchen . . .

Zeichne eine Stadt mit vielen Gebäuden, die dicht nebeneinander und hintereinander stehen. Zeichne die Fenster und Türen, die Treppen und Torbögen, die Dachpfannen und Antennen, das Mauerwerk und vor allem die Schornsteine.

Dann laß aus diesen Schornsteinen den Rauch aufsteigen. Bewege deine Zeichenfeder kreisförmig schwingend, immer wieder übereinander kreisend, in unterschiedlicher Dichte, sodaß helle und dunklere Rauchfahnen entstehen. Fülle den ganzen oberen Teil des Blattes mit dem Rauch aus.

Der Geist aus der Flasche

. . . Als der kleine Ali die Augen öffnete, staunte er, denn er befand sich auf dem Boden eines zerstörten Palastes. Sand, Steine und Gerümpel lagen um ihn herum; Spinnweben hingen in den leeren Fensterhöhlen. Ali konnte sich nicht erinnern, wie er in diese Ruine geraten war. Aber irgendwie mußte er wohl wieder fort von hier und zurück nach Hause! Also reckte und streckte er sich, sprang auf die Füße und begann, die Gegend zu erkunden. Er war noch keine 10 Schritte gegangen, da stieß sein Fuß an etwas Hartes, das bei dem Anstoß ein Stück weit rollte. Ali bückte sich und hatte eine alte, verstaubte, fest zugestöpselte Flasche in der Hand. Vorsichtig drehte und ruckte und zog er an dem Verschluß, und . . . . stellte die offene Flasche erschrocken auf den Boden. Es zischte und brauste und rumorte in der Flasche, und dann stieg eine seltsame Rauchsäule heraus, die immer größer wurde. Und je größer sie wurde, um so mehr glich sie einem menschlichen Wesen mit Kopf, Armen und Körper, aber in riesigen Ausmaßen. . . .

Zeichne die alte Flasche und die Rauchsäule, die herausströmt. Benutze für den Geist aus der Flasche die gleiche kreisende Struktur wie bei dem Rauch aus den Schornsteinen der Stadt. Versuche, durch unterschiedlich dichte Strukturen helle und dunkle Tönungen zu erreichen, mit denen du das Gesicht und andere Feinheiten beim Flaschengeist gestalten kannst.
Nun zeichne auch noch den Boden mit Sand und Steinen und die halb verfallenen Palastmauern.

Pilze

Tina und Toni waren mit den Eltern im Wald und haben Pilze gesammelt. Wieviel verschiedene Pilze es da gab! Kleine, knubbelige und große mit breiten Hüten, glatte, runde und seltsam verschrumpelte. Manche wuchsen ganz dicht beieinander, und andere standen vereinzelt.
Tina und Toni schauten genau hin, betrachteten die unterschiedlich langen und dicken Stiele, die so verschieden geformten, glatten oder gemusterten Hüte und an deren Unterseite die Lamellen, Rohren und kleinen Zapfen.
Zuhause versuchten sie, die Pilze zu zeichnen.

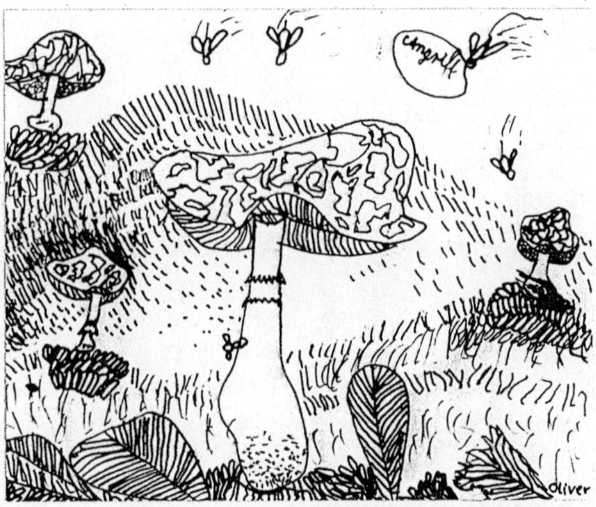

Versuche auch, Pilze zu zeichnen. Schau sie dir zuerst genau an, entweder im Wald oder in einem Pilzbuch. Dann zeichne sie, große und kleine. Zeichne auch den Waldboden mit Tannennadeln, Zapfen, herabgefallenen Blättern, mit ein wenig Gras und vielleicht mit den Baumstämmen, neben denen die Pilze wachsen.
Achte darauf, Daß du die Pilze groß genug zeichnest. Die Pilze sind die Hauptsache.

Albrecht Dürer: Der verlorene Sohn — Kupferstich

Der Künstler hat hier viele verschiedene Schraffuren und Strukturen verwendet, um die unterschiedlichen Materialoberflächen zu bezeichnen. Suche im Bild oben Beispiele für die folgenden Schraffuren und Strukturen:

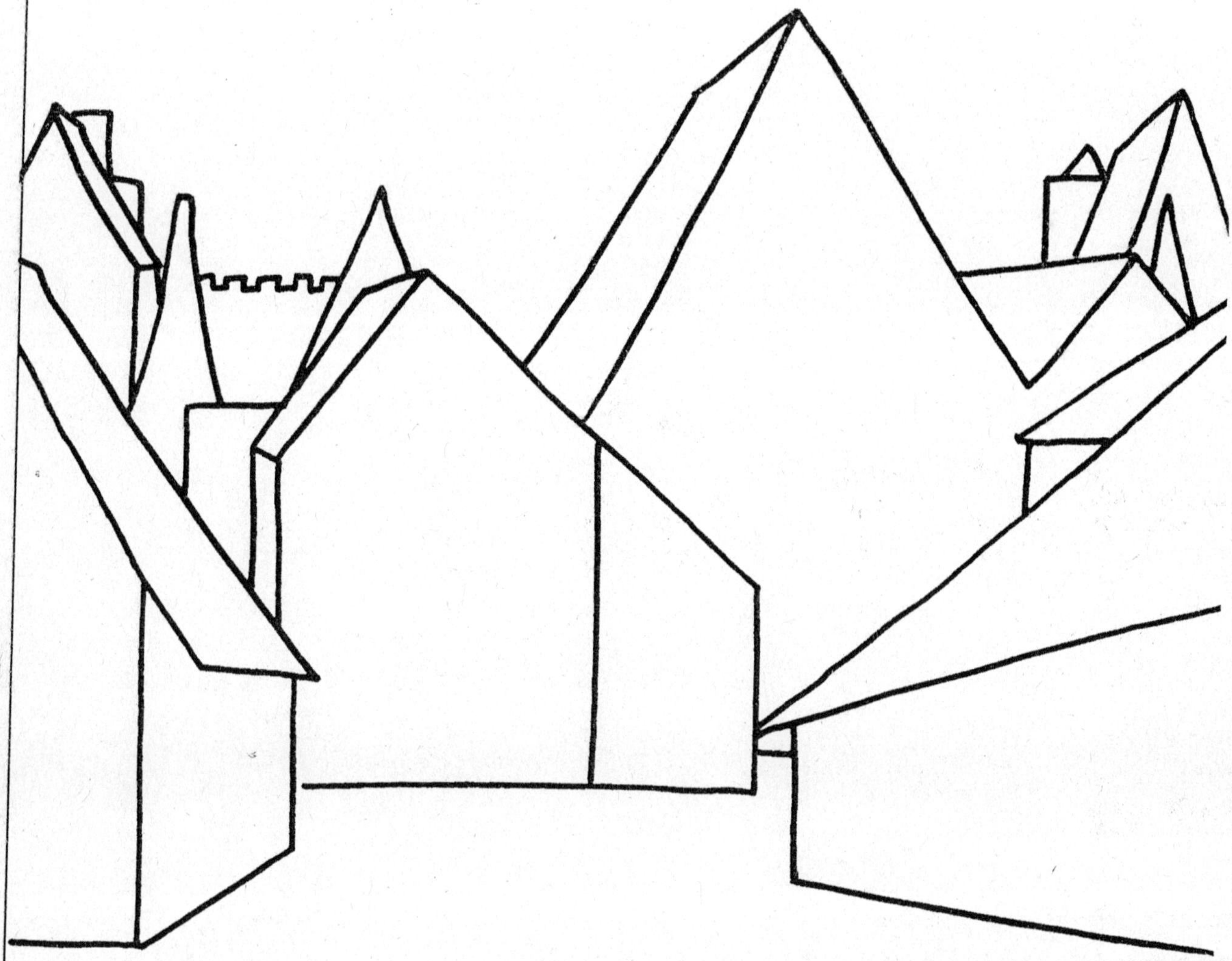

Alte Gebäude

Benutze wie Albrecht Dürer verschiedene Schraffuren, um die alten Gebäude aus dem Kupferstich, die hier vereinfacht wiedergegeben sind, zu gestalten. Bestimmt wird ein ganz anderer Gebäudekomplex daraus. Auf dem freien Platz vor den Gebäuden kannst du malen, was du willst, eine Katze, die sich sonnt, spielende Kinder, einen Schafhirten, eine Hühnerfamilie, einen Blumengarten oder Fahrzeuge wie Pferd und Wagen, Traktor und Pflug, Autos usw.

Steckbrief des Räubers Jimmy Moneto

„Gesucht wird . . .", so fangen die Steckbriefe meist an, auch dieser hier: „Gesucht wird Jimmy Moneto, ein gefürchteter Räuber . . .". Und unter dem Text ist dann sein Bild zu sehen.

Wie sieht er aus?
Er hat ein großes, grobes Gesicht, mit funkelnden, wild blickenden Augen und dichten, buschigen Augenbrauen darüber. Seine Nase ist dick und knollig, lang und etwas gebogen. Über seinem Mund mit vielen blitzenden Zähnen wächst ein struppiger Schnurrbart. Sein Haar ist wild zerzaust und dunkel, ebenso sein dichter Bart. Der Räuber hat Runzeln, Warzen und Narben. Im linken Ohrläppchen trägt er einen kostbaren Schmuck, und stets hat Jimmy seinen alten, abgetragenen Hut auf dem Kopf.

Zeichne Jimmy Monetos Gesicht nach dieser Beschreibung. Erfinde auch noch andere Einzelheiten, und denke dir für die Kleidung Muster aus. Benutze die Schraffuren und Strukturen, die du bei den vergangenen Themen kennengelernt hast, und versuche den Räuber so zu zeichnen, daß er gefährlich und grimmig aussieht.

Sternenkinder und Rauschgoldengel

Dies hier sind Sternenkinder.
Sternenkinder aus einem Weihnachtsmärchen,
Sternenkinder, die am dunklen Himmel sanft schimmernd über die Milchstraße schweben oder glitzernd und springlebendig durch die Nacht tanzen oder flimmernd und blitzend spielen und lachen und von einer Wolke zu anderen purzeln.

Und dies sind Engel, Rauschgoldengel zur Weihnachtszeit, die in kostbar gemustertem, langem Gewand mit glänzenden, goldenen Flügeln unterm Tannenbaum stehen und ihr Weihnachtslied singen.

Zeichne Sternenkinder oder Rauschgoldengel

Der Baum
oder:
Was aus einem Klecks werden kann

Wenn du deine Tuschefeder mit Tusche füllst, dann kann es leicht passieren, daß ein Klecks aufs Papier gerät. Bisher hast du dich immer darüber geärgert. Heute sollst du dich nicht ärgern. Heute sollst du sogar absichtlich Tuschekleckse auf dein Zeichenblatt setzen und daraus einen Baum entstehen lassen.

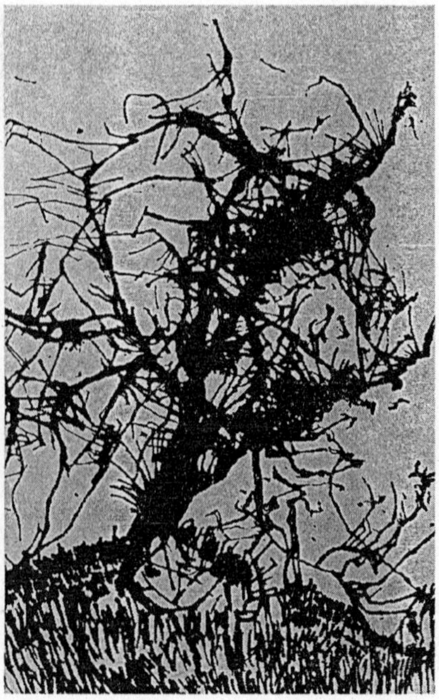

Also, fang an:
Drück einen Tropfen Tusche aufs Papier und puste den dicken Tropfen auseinander. Er läuft über das Blatt, hinterläßt eine Spur und verzweigt sich. Laß den nächsten Tropfen auf's Papier klecksen und verblase auch diesen und immer so weiter. Ordne die Tropfen so an, daß langsam ein Baumstamm mit vielen Ästen und Zweigen entsteht. Und laß dich immer wieder überraschen von den bi-zarren und feinen Verästelungen, die beim Verblasen entstehen.

Ein haariges Fabelwesen

Ganz plötzlich stand es da,
wie aus dem Boden gewachsen,
groß wie ein Haus
und über und über
mit Fell bedeckt,
ein Wesen wie aus einem Traum,
ein Ungeheuer,
ein Fabelwesen,
Ob's gefährlich ist?
Oder ganz freundlich?

Bei einem Fabelwesen ist nichts festgelegt.
Sein Aussehen hängt ganz und gar von deiner Phantasie ab. Es kann wuchtig und plump oder schmal und gelenkig sein. Es kann einen großen oder kleinen Kopf oder gar mehrere Köpfe haben mit Hörnern, Ohren, Fühlern oder einem Geweih.
Es kann vier, sechs oder noch mehr Beine haben, lange oder kurze, dicke oder zierliche mit Tatzen und Krallen. Nur daß es ein Fell hat, ist sicher, vielleicht ein seidenweiches oder ein struppiges, wildes.

Zeichne solch ein haariges Fabelwesen.
Zeichne es ganz nach deiner eigenen Vorstellung

Kämpfende Hähne

Otto Pankok hat diese kämpfenden Hähne gezeichnet und in eine Holzplatte geschnitten. Sieh dir den Holzschnitt genau an. Kannst du erkennen, auf welche Weise es der Künstler geschafft hat, die Atmosphäre des Kampfes deutlich zu machen?
Betrachte die Haltung der beiden Tiere. Versuche sie zu beschreiben. Schau dir an, wie die Federn gezeichnet sind, die langen Schwanzfedern, die Flügel, die Federn an Brust und Hals. Und dann die Beine und Füße, ihre Größe, ihre Form! Und Augen und Kamm! Bleibt noch der Hintergrund. Auch dort erkennt man deutlich die Bewegung: in der Punktstruktur, teils grob, teils fein, in der linearen Schraffur am Boden, in den Federchen, die durch die Luft fliegen und in dem dichten Grau am oberen Bildrand, in dem man den aufgewirbelten Staub erkennt.

Nun zeichne selbst einen Hahn auf die Rückseite dieses Blattes, vielleicht den Sieger – oder einen ganz anderen.
Achte dabei besonders auf die Federn!

Der Eiszapfenkobold

Der Eiszapfenkobold
kommt von weit her,
aus dem Winter-Märchenland.
Er lebt in klirrender Kälte
und in beißendem Frost.
Aber er friert nie,
der Eiszapfenkobold.
Er tanzt in seiner Eiszapfenhöhle.
Er tanzt und lacht.

Drucke selbst solch einen Eiszapfenkobold.
Färbe zuerst die Rückseite dieses Blattes hellblau ein.
Laß die Farbe gut trocknen.
Schneide dir dazu einen Eiszapfenstempel aus einer Kartoffel.
Bestreiche ihn mit Deckweiß
und drücke ihn aufs Papier.
Benutze ihn mehrfach, bevor du neue Farbe aufträgst.
So wird die glasähnliche Beschaffenheit der Eiszapfen deutlicher.
Beginne mit den Eiszapfen an der Höhlendecke, und wenn du dann etwas Übung hast, gestalte den Kobold.
Und vergiß nicht: Er soll tanzen!

Hirschjagd

aus dem „Kleinen Jagdmosaik“ in der Eingangshalle des Palastes in Piazza Armerina auf Sizilien.

Das Bild auf der nächsten Seite ist aus kleinen Mosaik-Steinchen zusammengefügt. Es stammt aus einem römischen Palast und wurde vor etwa 1700 Jahren geschaffen.

Schau dir das Bild genau an. Wie echt es wirkt! Wie lebendig die Farben und die Formen sind! Erkennst du, wie unterschiedlich die Farbtöne in den Figuren sind? Siehst du, wie der Künstler mit den Steinchen „gezeichnet“ und „gemalt“ hat?

Die Umrisse der Hirsche sind zuerst gelegt worden, dann die Binnenzeichnungen, und dann wurden die Flächen entlang dieser Linien ausgefüllt, immer die Formen betonend. Auch die Steinchen im Hintergrund fügen sich an die Außenlinien der Figuren an und werden nur langsam gerader.

Betrachte auch das angefangene Stempelmosaik auf dem unteren Teil dieses Blattes. Es ist auf ähnliche Weise gearbeitet; nur wurden statt Steinchen Kartoffelstempel benutzt. Die unterschiedlichen Abtönungen entstanden durch wiederholtes Stempeln mit **einem** Farbauftrag.

Schneide dir einen kleinen Kartoffelstempel und vervollständige dieses Mosaik. Stempele eine leuchtend farbige Blüte oder einen Schmetterling oder noch einen zweiten Vogel oder viele grüne Blätter …

Achte dabei auf die Linienführung und auf das Entstehen unterschiedlicher Farbwerte.

Prinz Gluckerjan vom Meeresgrund

Tief unten auf dem Grunde des Meeres befindet sich das Reich des Wassermannes. Dort lebt, solange man denken kann König Glucker mit seiner Gemahlin Gluckarina und einer großen Kinderschar in einem prächtigen Palast aus Korallen. Der älteste Sohn, Prinz Gluckerjan liebt es, in den endlosen Tiefen des blauen Meeres auf Entdeckungsfahrt zu gehen. Dann setzt er seine meergrüne Krone auf, nimmt seinen Dreizack und streicht sich durch sein algengrünes Haar. Ein fröhlicher Wink mit der Schwanzflosse noch – und schon kann es losgehen.

Schneide dir einen Kartoffelstempel und drucke den Prinzen Gluckerjan auf die Rückseite dieses Blattes. Drucke zuerst die Umrißlinien und fülle dann die Flächen aus, so wie du es bei dem römischen Mosaik gesehen hast.

Die geheimnisvolle Maske

Masken gibt es bei fast allen Völkern, überall auf der Welt. In Masken wird das menschliche Gesicht vergröbert, übertrieben und einseitig dargestellt. Dabei werden einzelne Merkmale besonders herausgehoben, menschliche Formen mit Tierformen kombiniert und unrealistische Farben benutzen. So bekommen Masken eine besondere Wirkung, unheimlich oder heiter, gefährlich oder ehrfurchtgebietend ...

Stelle selbst eine Maske her, eine geheimnisvoll wirkende Maske. Benutze dafür den Faltklatschdruck:

Falte ein Zeichenblatt in der Mitte und beginne mit einem kleinen Farbfleck in der Nähe der Faltlinie. Die Farbe soll cremig und dabei ziemlich flüssig sein. Falte nun das Blatt und drücke die bemalte Fläche fest auf die Unterseite. Es entsteht ein spiegelbildlich gleicher Fleck. Gestalte nun Stück für Stück – immer mit k l e i n e n Flächen – die Maske. Vergiß die Haare, die Ohren, den Bart usw. nicht und achte vor allem darauf, daß die Augen ganz besonders deutlich zu erkennen sind.

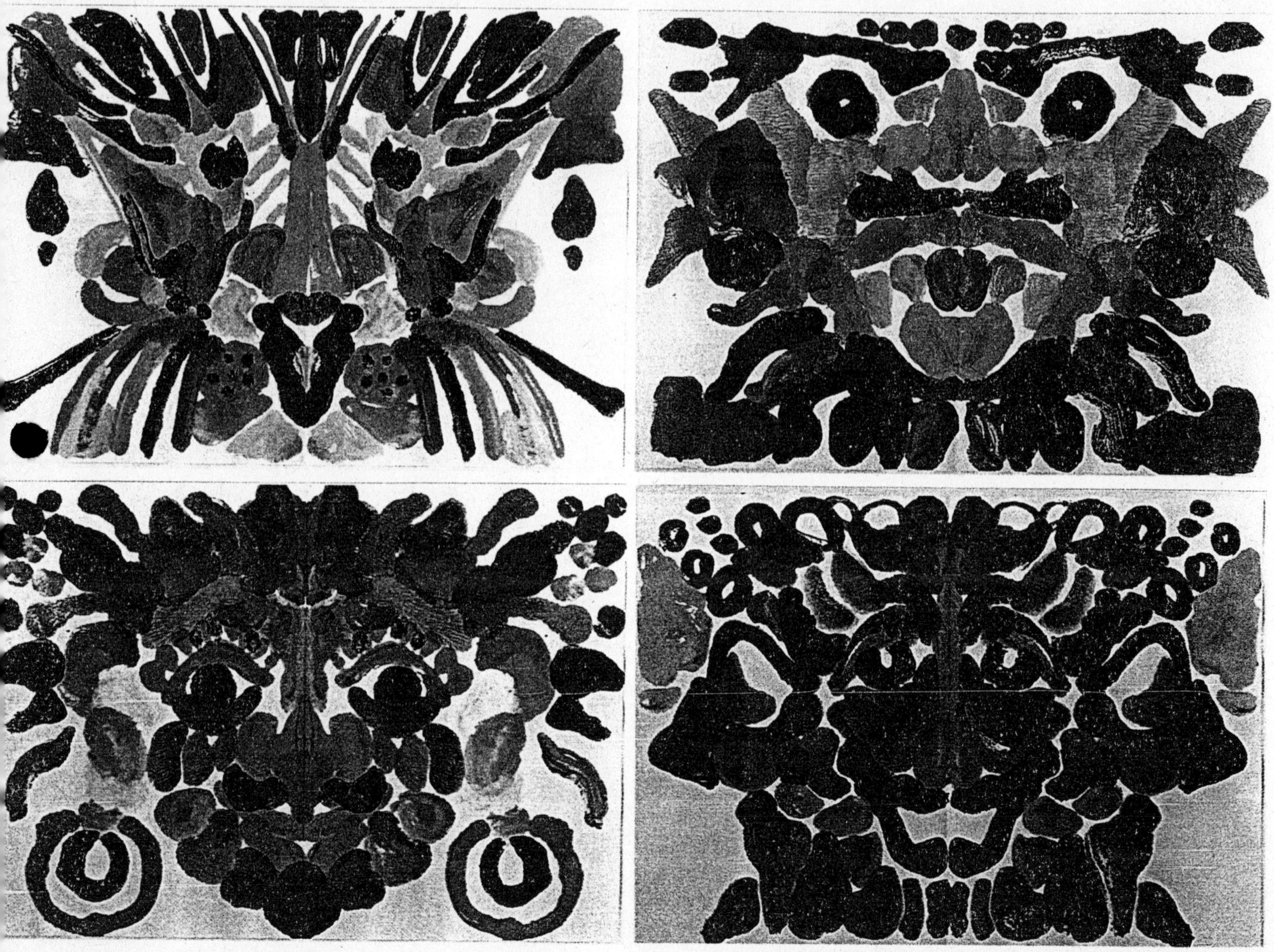

Die kleinen grünen Männchen vom Zwillingsplaneten

Ganz hinten im Weltraum, noch ein ganzes Stück hinter den Dreieckssternen und dem Käseplaneten befindet sich der Zwillingsplanet. Dort werden alle Bewohner als ganz genau gleiche Zwillingspaare geboren, und außerdem sind alle Lebewesen dort grün, hellgrün, blaugrün, blaßgrün, dunkelgrün, olivgrün, gelbgrün usw.

Mit dem Faltklatschdruck, den du bei der Maske kennengelernt hast, kannst du solche genau gleichen grünen Phantasiemännchen drucken.
Versuch es!

Der Monte Büroklammero
und andere seltsame Anhöhen im Frottage – Gebirge

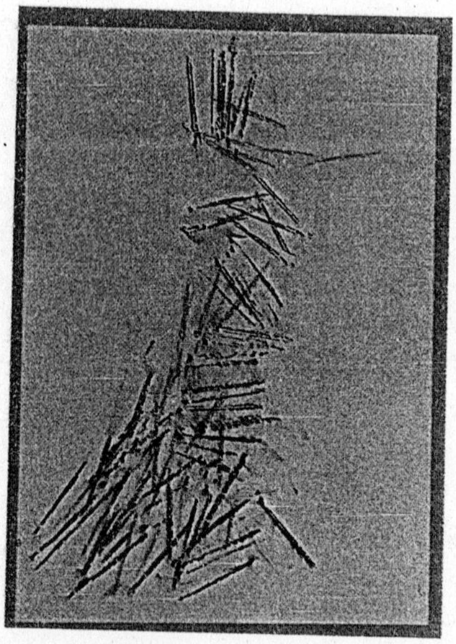

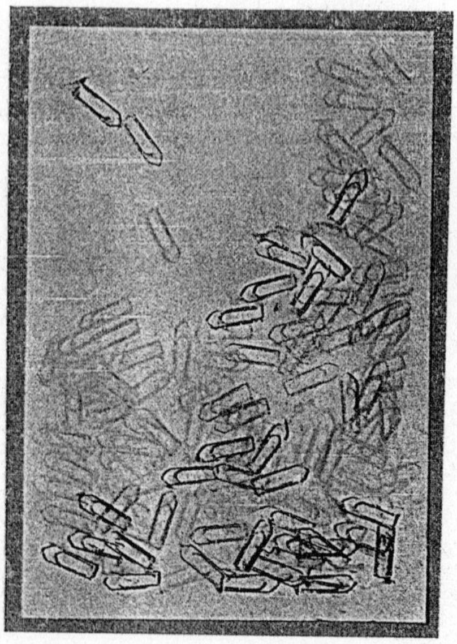

Frottage, so heißt diese Technik – oder auch Reibetechnik oder Durchriebtechnik, denn nachdem man ein paar Büroklammern, Streichhölzer, Geldstücke oder anderes deutlich strukturiertes Material unter ein Blatt Schreibmaschinenpapier gelegt hat, **reibt** man einfach mit der Breitseite eines Wachskreidestiftes darüber, und schon zeigt sich die Struktur auf dem Papier. Nun kann man das Blatt ein wenig verschieben oder das Material anders anordnen und nochmals reiben usw.

Du kannst auch lustige Geschichten damit gestalten, wie z.B. die Geschichte vom kleinen Herrn Knopf. Dazu schneidest du aus Plakatkarton die Einzelteile der Figur aus, legst sie in der richtigen Haltung auf den Tisch, machst einen Frottage-Abdruck, veränderst die Haltung, machst den nächsten Abdruck, veränderst die Haltung wieder usw.

Mein eigenes Gesellschaftsspiel

Bei diesem Gesellschaftsspiel darfst du alles selbst erfinden, den Verlauf der Felder, die Farben, die Anzahl der Mitspieler, die Spielregeln. Benutze die Rückseite dieses Blattes für den Spielplan. Außerdem brauchst du einen Flaschenkorken und deinen Farbkasten – und natürlich viel Phantasie.

Du rührst die Farbe im Farbkasten dickflüssig an, bestreichst die Unterseite des Korkens damit, drückst den Stempel aufs Papier und fertig. Diesen Vorgang wiederholst du so oft, wie du Punkte auf deinem Spielplan benötigst.
Überlege vorher, wie die Punkte angeordnet werden sollen, wie dein Spiel aussehen und heißen soll. Zum Schluß mußt du nur noch die Regeln aufschreiben, die das Spiel erst richtig spannend machen. Und dann: Viel Spaß beim Spielen.

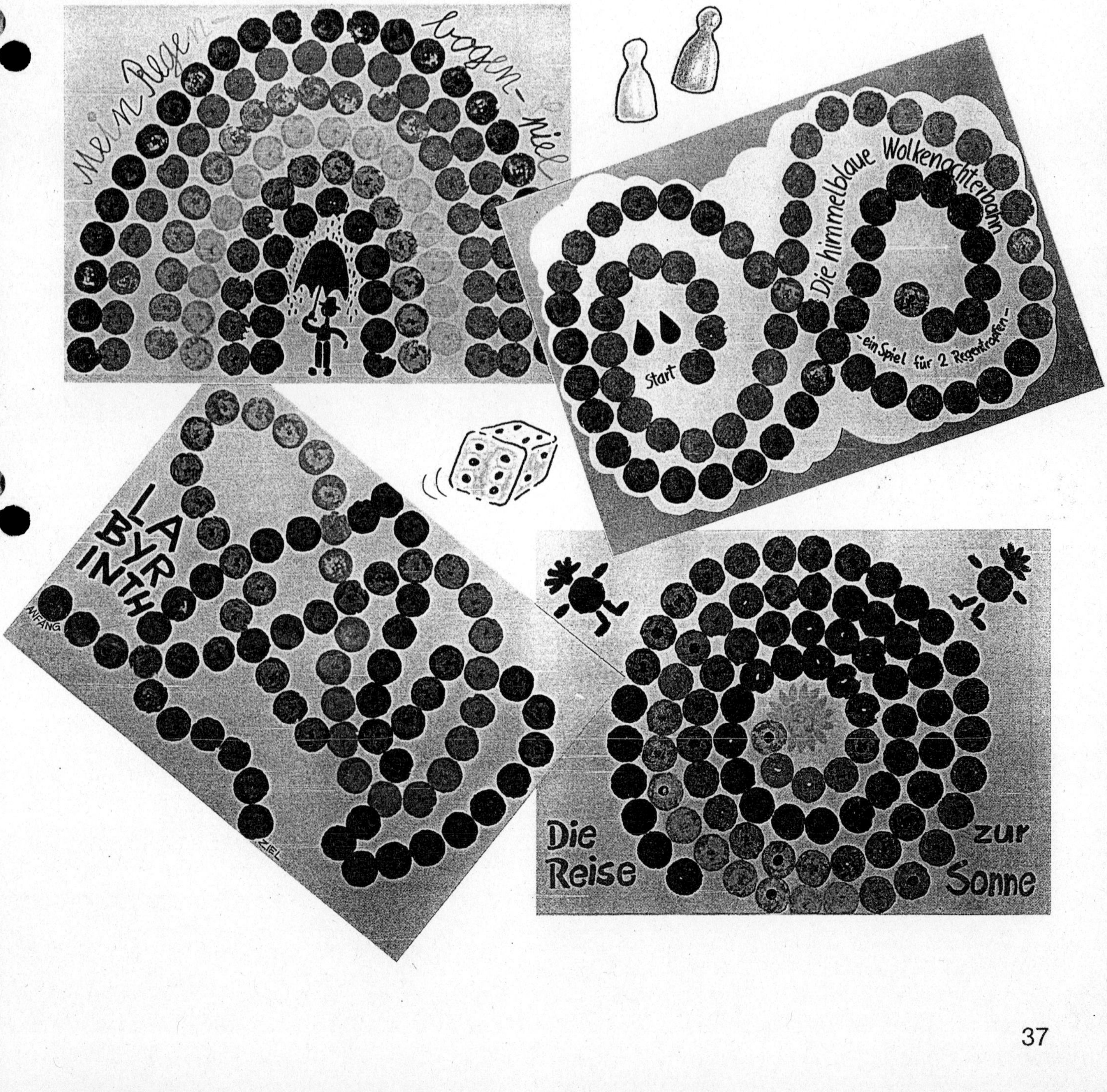

Mein Lieblingsbaum

Mein Lieblingsbaum ist ein alter Weiden-
baum. Ich fahre jeden Tag auf meinem
Schulweg an ihm vorbei.

Mein Lieblingsbaum ist der kleine Apfelbaum,
den wir letztes Jahr im Schulgarten gepflanzt haben.

Mein Lieblingsbaum ist eine ganz hohe
Tanne, die bei uns im Stadtpark steht.

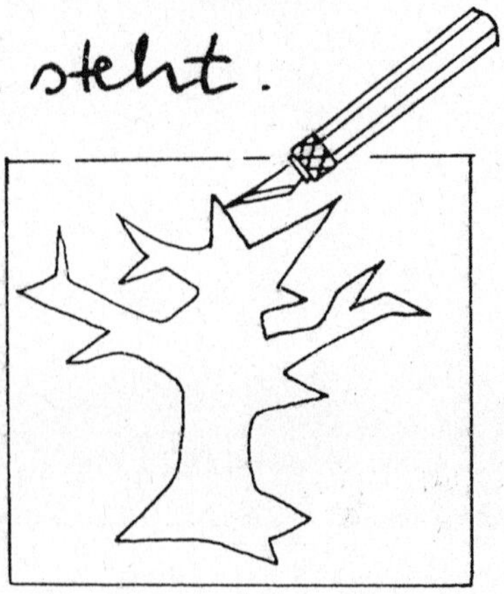

Und du, hast du auch einen Lieblingsbaum?
Vielleicht suchst du dir jetzt einen.
Oder vielleicht denkst du dir
auch einfach einen aus.

Und dann zeichne ihn.
Zeichne ihn auf leichten Karton und schneide ihn mit dem Schneidemesser so aus, daß eine Negativschablone entsteht. Mach dir auch noch einen kleinen Farbstempel aus einem Stoffrest oder benutze die Fingerkuppe als Stempel.
Nun leg die Schablone auf die Rückseite dieses Blattes, halte sie ganz gut fest oder befestige sie mit Klebestreifen und tupfe das freie Feld (die Baumform) mit Wasserfarbe aus. Du kannst die Schablone nach dem Trocknen noch mehrfach benutzen.

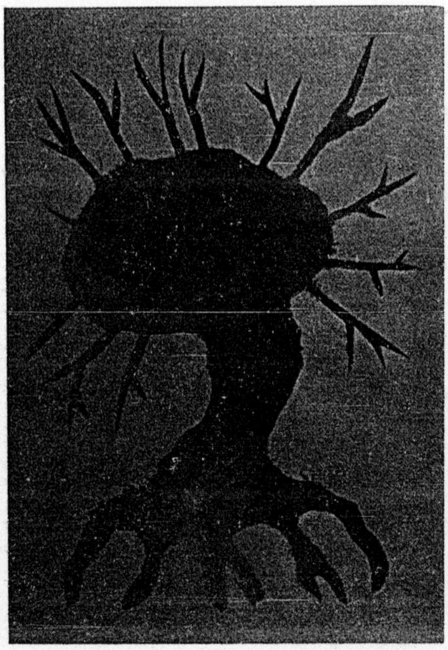

Eine Mauer gerät in Bewegung

Weißt du noch, wie man einen Stempel für den Kartoffeldruck herstellt?

Schneide dir einen Kartoffelstempel für einen Mauerstein und drucke damit eine Mauer, eine rote oder eine grüne oder eine blaue. Setze die Steine nebeneinander, Reihe für Reihe; benutze dabei unterschiedliche Helligkeitsstufen und Farbtonstufen.
Nachdem du ein paar Reihen aufgebaut hast, bring Bewegung in die Mauersteine. Laß sie langsam auseinanderbrechen, kippen, laß sie sich aufbäumen, laß sie tanzen.
Fülle das Blatt nun weiter, aber so, daß man die Bewegung erkennt.

Die kleine Stadt

Eng stehen die Häuser beieinander, dicht drängen sie sich um die Kirche, wie aufgereiht umstehen sie den Marktplatz, die Häuser der kleinen, alten Stadt.

Um diese Häuser zu drucken, benutzen wir ein ganz einfaches Hilfsmittel, einen schmalen Streifen Plakatkarton, dessen untere Kante mit Wasserfarbe bestrichen wird. Mit diesem Druckstock kannst du die Striche drucken, die die Mauern und Dächer der kleinen Stadt bezeichnen. Du kannst auch verschieden breite Pappstreifen schneiden und so Striche unterschiedlicher Länge drucken, die breiten für die vorn stehenden Häuser, für Türme und lange Mauern, die kleinen für Türen und Fenster und für die weiter entfernt stehenden oder kleineren Häuser.
Fang einfach an und bau nebeneinander und hintereinander und übereinander.

ich um die Kirche, wie aufgereiht
en Stadt.

es Hilfsmittel, einen schmalen Strei-
richen wird. Mit diesem Druckstock
der kleinen Stadt bezeichnen. Du
so Striche unterschiedlicher Länge
e und lange Mauern, die kleinen für
kleineren Häuser.
und übereinander.

Lyonel Feininger: Segelschiffe

Daß man Häuser mit dem Pappkantenstempel drucken kann, ist verständlich. Daß man aber die weichen Formen von Wellen und Segelschiffen auf diese Weise gestalten kann, ist erstaunlich. Lyonel Feininger hat es versucht. Er hat für sein Bild von den Segelschiffen auf dem Meer nur gerade Linien verwendet. Zwar hat er nicht den Pappkantenstempel benutzt, sondern einen Holzschnitt gemacht, aber das Prinzip der starren, geraden Striche hat er beibehalten.

Betrachte den Holzschnitt. Zähle die Schiffe, schau dir genau an, wie der Schiffsrumpf der einzelnen Schiffe, wie die Segel, das Wasser und vor allem der Himmel gestaltet sind.

Welche Wörter könnten zu diesem Bild passen? Unterstreiche.

düster, hell, freundlich, bewegt, still, starr, einheitlich, laut, wirklichkeitsnah, fremdartig, kalt, ruhig, sommerlich, stürmisch, klar, verlassen, abenteuerlich, geordnet, verträumt...

Stelle ein paar Pappkantenstempel in verschiedenen Größen her und drucke damit für die Vögel auf diesem Blatt einen Lebensraum, vielleicht das Meer wie L. Feininger oder ein Vogelhäuschen oder einen Strauch oder einen Ast mit einem Nest oder einen Himmel voller Wolken oder Schilf an einem See oder was dir sonst einfällt.

Das alte Wrack

Geschichten aus alter Zeit,
von unerschrockenen Seefahrern,
von den Abenteuern der Meere,
von Forschern, Entdeckern und Helden,
von großen Kapitänen
und kleinen Schiffsjungen,
von braven Matrosen
und wilden Piraten
von Windstille, von Meuterei
und von kostbaren Schätzen
solche Geschichten aus alter Zeit
liegen begraben in den Wracks
auf dem Grunde des Meeres.

Male mit Wasserfarbe das tiefe Meer. Dann schneide dir verschieden breite Pappkantenstempel und stempele ein Wrack, dem man ansieht, daß es schon sehr lange dort auf dem Meeresgrund liegt. Vielleicht erfindest du eine Geschichte dazu.